Zuckerfreie Ernährung für Familien

Der Ratgeber mit 130 einfachen, gesunden & leckeren Rezepten

Sebastian Pussack

Egal ob Frühstück-, Mittag, Abend- oder Partyessen: So gelingt eine gesunde und leckere zuckerfreie Ernährung für die ganze Familie!

Auflage 2 überarbeitet
ISBN: 9789403617398

Inhalt

Einleitung

Liebe Mamas und Papas, liebe Kinder,
im heutigen Zucker-Dschungel den Durchblick zu behalten, ist oftmals alles andere als einfach. Klar, jeder von uns weiß eigentlich, dass Zucker in zahlreichen verarbeiteten Nahrungsmitteln zu finden ist und genau dieser sogenannte „isolierte Zucker" kann unserer Gesundheit so massiv schaden. Dennoch lieben wir alle – egal ob Groß und Klein – die verführerische Süße und kommen im Alltag nur schwer davon los.

Zucker gelangt aber nicht nur über Gummibärchen, Schokolade und Co. in unseren Körper, sondern auch über viele Nahrungsmittel, die wir vielleicht auf den ersten Blick als zuckerfrei einstufen würden. Tiefkühlpizza und Tütensuppen, aber auch Gewürzgurken und vermeintlich gesunde Frühstücksflocken enthalten reichlich Zucker. Das Marktangebot an solchen Nahrungsmitteln ist sehr breitgefächert und wir können diesen im Alltag nur sehr schwer entkommen. Der überwiegende Teil der Produkte, die wir im Supermarkt kaufen können, ist sogar regelrecht „überzuckert". Vor allem industrieller Haushaltszucker bietet unserem Körper aber keine gesundheitsförderlichen Bestandteile, das heißt, keinerlei Vitamine, Mineralstoffe, sekundäre Pflanzenstoffe, Spurenelemente, Ballaststoffe oder dergleichen.

Fünf bis höchstens zehn Prozent der täglichen Gesamtenergiezufuhr dürften aus Zucker bestehen – so lautet der Rat der Experten der Weltgesundheitsorganisation WHO. Doch im Durchschnitt konsumieren wir in Deutschland rund viermal mehr industriellen Zucker als die Weltgesundheitsorganisation empfiehlt: Das kann unser Organismus nur sehr schwer verkraften. Die Folge: Wir werden müde, träge und altern sogar vorzeitig. Ein übermäßiger Zuckerkonsum gehört zu den fünf größten Ernährungsfehlern, die dramatische Konsequenzen nach sich ziehen, wie zum Beispiel Übergewicht, Diabetes, Schlaganfall oder Herzinfarkt!

Ein übermäßiger Zuckerkonsum ist aber nicht nur für erwachsene Menschen sehr gesundheitsgefährdend, sondern in einem besonderen Maße auch für heranwachsende Kinder und Jugendliche. Übergewicht, frühe Diabetes-Erkrankungen, Karies, ein zappelig-unruhiges Verhalten, verminderte Konzentrationsleistungen und schlechte Noten sind nur einige der vielen Folgen!

Werden Kinder des Weiteren zu frühzeitig an zuckerreiche Mahlzeiten gewöhnt, verliert sich ihr natürliches Geschmacksempfinden: Das heißt, dass die Kleinen nicht mehr in der Lage sind, den tatsächlichen Geschmack von Lebensmitteln zu erkennen und zu differenzieren.

Wir alle gewöhnen uns schnell an den süßen Geschmack und wollen langfristig auch immer mehr davon essen. So kommt es dazu, dass viele Menschen das, was sie am Tag essen und trinken, nur noch in gesüßter Form genießen möchten. Dabei macht das weiße Pulver nur für einen kurzen Moment glücklich. Schon bald tauchen bedeutende gesundheitliche Probleme auf, welche unbedingt vorgebeugt werden sollten.

Immer mehr Ernährungswissenschaftler und Mediziner warnen vor dem „weißen Gift" unserer Zeit. Der Zuckerkonsum steigt von Jahr zu Jahr immer mehr an und die Lebensmittelproduktion profitiert enorm davon, denn mit Zucker lässt sich viel Geld verdienen: Pro Jahr verzehrt jeder deutsche Bürger rund 36 Kilogramm Zucker. Der meiste Zuckeranteil steckt in hoch verarbeiteten süßen Getränken sowie verarbeiteten Nahrungsmitteln.
Was noch im Laufe unserer Menschheitsentwicklungsgeschichte ein sehr wichtiger Energieträger war, ist heutzutage zu einem ständig verfügbaren, fast unbegrenzt haltbaren und billigen Grundnahrungsmittel geworden. Dabei ist Zucker lediglich ein Genussmittel!

Doch was ist nun die Lösung für dieses große Problem?
An erster Stelle muss natürlich ein richtiger Umgang mit Zucker stehen und ebenso eine bessere Kenntnis der Nahrungsmittel, die tagtäglich auf unserem Essenstisch landen.

So möchte dieses Buch genau dabei unterstützen und auch versteckte Zuckerfallen aufdecken. Was bedeuten die vielen Kürzel in den

Zutatenlisten und welche gesunden Alternativen gibt es? Dieser Ratgeber möchte Dir viele Tipps rund um eine gesunde und zuckerbewusste Ernährung im Alltag vermitteln und Dir aufzeigen, wie facettenreich und lecker ein solches Essverhalten ist. Eine zuckerfreie Ernährung hilft Dir dabei, den natürlichen Geschmack der Lebensmittel wiederzugewinnen und zu mehr Wohlbefinden, Gesundheit und Leistungsfähigkeit zu finden. Die 130 geschmackvollen Rezepte aus nahrhaften und abwechslungsreichen Mahlzeiten unterstützen Dich dabei, diese ungesunden Ernährungsgewohnheiten abzulegen und endlich wieder bewusst zu genießen.

Noch ein kleiner Hinweis von mir und dem Verlag: Wir haben uns bewusst gegen den Farbdruck und auf den Einsatz von Bildern je Rezept entschieden. Denn wir möchten für Dich diesen umfangreichen Ratgeber mit der Anzahl von 130 Rezepten zum attraktiven Preis anbieten.

Bist Du bereit für den Schritt in Deine Zuckerfreiheit?

Dann wünsche ich Dir nun viel Freude beim Lesen, Nachkochen und Genießen!

Was ist eigentlich Zucker?

Zucker ist ein Grundbaustein des Lebens: Er liefert sofort verfügbare Energie, macht das Leben süßer und in vielfacher Hinsicht bedauerlicherweise auch schwerer. Wird Zucker nämlich im Übermaß aufgenommen, kann das den Körper langfristig richtig krank machen.

Doch zunächst einmal zur Klärung der Grunddefinition: Der normale Haushaltszucker wird auch als Saccharose bezeichnet. Er wird aus Zuckerrüben und Zuckerrohr gewonnen und besteht aus Fruchtzucker (Fructose) sowie Traubenzucker (Glukose). Doch Zucker ist nicht gleich Zucker, es gibt nämlich viele weitere Zuckerarten, so zum Beispiel auch Malzzucker oder Milchzucker.

Zucker gehört vor allem zur Gruppe der Kohlenhydrate und liefert somit pro Gramm vier Kalorien.

Hinter dem Makronährstoff Kohlenhydrate stecken organischen Verbindungen aus Sauerstoff, Kohlenstoff und Wasserstoff, die als Zucker bezeichnet werden. Aus chemischem Gesichtspunkt betrachtet, werden diese Verbindungen nach der Anzahl ihrer Zuckerbausteine klassifiziert. Im Allgemeinen besteht jeder Zucker aus Wasser (H2 O) und Kohlenstoff (C). Die Endung „hydrat“ leitet sich vom griechischen Wort für Wasser ab.
Kohlenhydrate werden also nach der Art ihrer Zusammensetzung in Einfach-, Zweifach- oder Mehrfachzucker unterschieden. Einfachzucker haben einen sehr süßen Geschmack. Zweifachzucker, bestehen aus zwei Einfachzuckern und schmecken noch recht süß. <u>Je länger die Zuckerkette jedoch wird, desto weniger dominiert der Süßgeschmack.</u>

Der menschliche Körper benötigt Zucker, also Glukose: Solange sich im Blutkreislauf noch Zucker befindet, kann der Körper diese kleinen Energiemoleküle umwandeln und für essenziell wichtige interne Abläufe nutzen, so etwa für die Aufrechterhaltung der Vitalfunktionen. Diese grundlegend wichtige Energie kann der menschliche Organismus aber nicht nur aus Zucker, sondern auch aus Fetten herstellen, jedoch nimmt dies deutlich mehr Zeit in Anspruch und ist somit für den Organismus nicht die erste Wahl.

Ist überschüssiger Zucker im Blutkreislauf vorhanden, lagert es der Körper in eigenen internen Speichern ein, in den sogenannten Glykogenspeichern. Diese befinden sich in der Leber sowie in der Muskulatur. Sind die Glykogenspeicher voll, obwohl sich im Blutkreislauf noch immer Zucker befindet, kommt es zur Ansammlung von Fettspeichern.

Zucker steckt in fast allen Lebensmitteln – auch in den naturbelassenen und unverarbeiteten, doch nicht jeder Zucker macht automatisch dick. Insbesondere hinzugefügter Zucker soll für mehr Geschmack sorgen, ist aber im Rahmen einer gesunden Ernährung völlig unnötig und sogar kontraproduktiv. Anders formuliert lässt sich also sagen, dass eine gesunde und ausgewogene Ernährungsweise keinen zusätzlichen Haushaltszucker braucht, um Geist und Körper aktiv und leistungsfähig zu halten.

Die unterschiedlichen Kohlenhydratarten

Die unterschiedlichen Zuckerformen unterscheiden sich nicht nur in ihrer Süße voneinander, sondern sie haben auch unterschiedliche Auswirkungen auf den Organismus sowie auf wichtige Stoffwechselvorgänge.
Im Vergleich zu Fetten oder Eiweißen kann der menschliche Körper Kohlenhydrate sehr schnell verarbeiten und verwerten somit ist dieser Makronährstoff eine Hauptenergiequelle für den Organismus. Kohlenhydrate sind sozusagen der Motor für einen einwandfreien Ablauf sowie die Aufrechterhaltung grundlegend wichtiger körperinterner Prozesse.

Im Grunde bestehen Kohlenhydrate aus Zuckermolekülen, die im Verdauungstrakt des Körpers in Glukose umgewandelt werden. Auf diese Weise kann der Organismus sie als Energietreibstoff nutzen. Der überwiegende Anteil der täglichen aufgenommenen Kohlenhydrate dient der Aufrechterhaltung der Vitalprozesse, so etwa der Atmung, der Gehirnleistung, der Stoffwechselprozesse sowie des Herzschlags. Auch die

Haut – das größte menschliche Organ – nutzt Kohlenhydrate als Hauptenergieressource.

Vollständig auf Kohlenhydrate zu verzichten ist somit absolut nicht zu empfehlen, doch wenn es um den Verzehr geht, ist eine richtige Unterscheidung von sehr großer Bedeutung. Ernährungswissenschaftler unterscheiden drei Formen von Kohlenhydraten, nämlich Einfachzucker (Monosaccharide), Zweifachzucker (Disaccharide) sowie Mehrfachzucker (Polysaccharide) auch bezeichnet als „langkettige oder komplexe Kohlenhydrate". Diese komplexen Kohlenhydrate sorgen dafür, dass der Blutzuckerspiegel nur sehr langsam ansteigt. Bevor sie in den Blutkreislauf gelangen, müssen sie im Darm zunächst einmal aufgespalten werden und das braucht zum einen Zeit und zum anderen Energie. Das Resultat ist, dass der Blutzuckerspiegel nur in sehr geringem Maße beeinflusst wird und somit unerwünschte Heißhungerattacken ausbleiben. Zum anderen sorgt diese Form der Kohlenhydrate für ein lang anhaltendes Sättigungsgefühl.

Anders ausgedrückt: Bei kurzkettigen Zuckerarten kann der Blutzuckerwert innerhalb von zehn bis zwanzig Minuten nach dem Verzehr sehr schnell ansteigen. Infolgedessen kommt es zu einer hohen Insulinausschüttung, die zu einem rapiden Abfall des Blutzuckers führt. Das Zuckerüberangebot wird in den Leber-, den Muskel- sowie den Fettzellen eingelagert, was zu unerwünschten Heißhungerattacken führt.

Bei langkettigen Zuckern bleibt dieser unerwünschte Vorgang aus. Sie werden deutlich langsamer aufgespalten und verdaut und gelangen somit auch nur schrittweise in den Blutkreislauf. Dementsprechend steigt auch der Blutzuckerspiegel nicht so rasant an, was auch keine so hohe Insulinausschüttung erfordert.

Die Kohlenhydratarten im Überblick

Gruppe	*Bezeichnung*	*Kommt vor allem vor in*
Einfachzucker (Monosaccharide)	Glukose (Traubenzucker) Fruktose (Fruchtzucker)	Gemüse, Früchte, teilweise in Fertigprodukten
Zweifachzucker (Disaccharide)	Saccharose (Haushaltszucker) Laktose (Milchzucker) Maltose (Malzzucker)	Backwaren, Fertigprodukte, Milch, Milchprodukte, Haushaltszucker, Limonaden, Süßigkeiten. *Nahrungsmittel mit enthaltenen Zweifachzuckern haben einen sehr süßen Geschmack und dienen vor allem als reiner Energieträger. Sie enthalten kaum Mineralstoffe oder wertvolle Vitamine, bewirken aber einen schnellen Anstieg des Blutzuckerspiegels.* *Zweifachzucker begünstigen zudem Heißhungergefühle.*
Mehrfachzucker (Polysaccharide)	Stärke	Backwaren, Getreide und Getreideprodukte, Vollkornprodukte und Hülsenfrüchte. *Polysaccharide, also langkettige Kohlenhydrate haben einen neutralen Geschmack und sind im Vergleich zu Einfach- und Zweifachzuckern nicht wasserlöslich. Sie beeinflussen nicht so deutlich den Blutzuckerspiegel. Der Organismus muss diese Mehrfachzucker erst spalten, bevor sie in den Blutkreislauf aufgenommen werden können.*

Langkettige Kohlenhydrate sollten kurzkettigen also immer vorgezogen werden!

Fruchtzucker – welche Folgen kann ein übermäßiger Verzehr haben?

Nicht nur industrieller Haushaltszucker birgt verschiedene Gefahren für die menschliche Gesundheit. In den letzten Jahren haben sich Ernährungswissenschaftler immer mehr mit der gesundheitlichen Wirkung von Fructose (Fruchtzucker) auseinandergesetzt. Sie kamen zur Erkenntnis, dass die natürliche Süße absolut nicht gesünder ist als die industriell hergestellte. Die mit Fruchtzucker verbundenen Gefahren sind kaum bekannt, denn im Allgemeinen assoziieren wir Fruchtzucker mit etwas Gesundem, doch das täuscht leider.

Fruchtzucker ist keinesfalls ein gesundes Süßungsmittel, sondern vielmehr ein potenzieller Krankmacher. Es gibt unterschiedliche Erkrankungen, die in einen direkten Zusammenhang mit der Aufnahme von Fruchtzucker gebracht werden können. Ebenso können chronische Leiden durch die Fructose gefördert werden.

Fruchtzucker hat keine Farbe und auch keinen Geruch, hat aber einen sehr süßen Geschmack. Wie der Name bereits zum Ausdruck bringt, kommt Fructose vorwiegend in Obst und in Honig vor, wobei die Fructose-Konzentration hier von Nahrungsmittel zu Nahrungsmittel ganz unterschiedlich ausfallen kann. Des Weiteren findet sich Fructose auch in einigen Gemüsesorten und sogar im herkömmlichen Haushaltszucker: Hier taucht Fructose nämlich im Verhältnis 50:50 auf. Zusammen mit Traubenzucker bildet der Fruchtzucker hier die Saccharose, einen Zweifachzucker.

Das bedeutet im Umkehrschluss nicht, dass Obst direkt ein ungesundes Lebensmittel ist, da es lebenswichtige Nährstoffe wie Vitamine, Mineralstoffe, Enzyme und Co. enthält. Dennoch sollte man, ob den Obstverzehr in die maximale Tageszuckerdosis einberechnen und einen übermäßigen Konsum vermeiden.

Im Dünndarm wird der Fruchtzucker resorbiert, das heißt, passiv aufgenommen. Diese Aufnahme geschieht im Allgemeinen langsamer als bei der Glukose. Gleich im Anschluss gelangt der Fruchtzucker in die Leber, wo der Umbau in Fett stattfindet. Kein anderer Einfachzucker wird so schnell in Fett umgewandelt wie Fructose, doch dazu später noch mehr.

Ein Fruchtzuckerüberschuss in der Leber kann aber nun gesundheitlich ernste Folgen nach sich ziehen, so etwa eine Erhöhung des Blutdrucks oder des Harnsäurespiegels. Insbesondere Diabetes Patienten sollten zu hohe Fruchtzuckermengen vermeiden.

Des Weiteren hat Fruchtzucker eine deutlich höhere Süßkraft als normaler Haushaltszucker, ist preisgünstiger und besitzt eine höhere Wasserlöslichkeit. Aus diesem Grund wird diese Zuckerart auch sehr gerne in Fertigprodukten wie beispielsweise Limonaden und Softdrinks eingesetzt.

Neben Fruchtzucker ist auch Traubenzucker, also Glukose, ein Monosaccharid (Einfachzucker). Diese Zuckerform kommt natürlicherweise vor allem in Früchten, in Honig sowie in bestimmten Gemüsesorten vor. Glukose ist die wichtigste Zuckerform für den körpereigenen Energiestoffwechsel: Sie kommt zum einen als Blutzucker vor und ist zum anderen ein wichtiger Bestandteil vieler anderer Zuckerarten wie etwa Saccharose oder Lactose (Milchzucker).

Vom Darm aus gelangt der Traubenzucker übrigens direkt in die Blutbahn und dient dem Körper somit als essenziell wichtiger Energielieferant. Glukose hat rund 75 % der Süßkraft von herkömmlichem Haushaltszucker und ist – ebenso wie Zucker – kariesfördernd.

Was steckt eigentlich in Zucker?

Das „weiße Pulver“ wird hierzulande vor allem aus Zuckerrüben hergestellt. In tropischen Ländern wird es aus Zuckerrohr hergestellt. Doch ganz egal ob Rohr oder Rübe. Beide Pflanzen können den Zucker direkt speichern, und zwar in solch großen Mengen, dass sie die einzigen Pflanzen sind, bei denen es sich auszahlt, Zucker daraus zu extrahieren.

Weiße Zuckerrüben sehen so ähnlich aus wie eine Mischung aus Kartoffeln und Rettich. Sie wachsen unterirdisch und werden nach dem Erntevorgang in Zuckerfabriken weiterbefördert. Dort werden sie gewaschen, gehäckselt und in mehreren Durchgängen gekocht, bis sich schließlich der Zucker aus den Rüben löst. Dabei resultiert eine Art Zuckersirup, aus dem in einem weiteren Herstellungsschritt Zuckerkristalle über eine Zentrifuge herausgeschleudert werden: Auf diese Weise gelangt der Haushaltszucker in die Supermärkte und Haushalte.

Doch Zucker ist nicht gleich Zucker, denn es gibt verschiedene Zuckernamen und Zuckerformen.

- **Saccharose**:
  Das ist der normale, weiße Haushaltszucker. Hierbei handelt es sich um einen Zweifachzucker (Disaccharid) das aus je einem Traubenzucker- sowie einem Fruchtzucker-Molekül besteht. Glukose-Fructose-Sirup ist hingegen eine Mischung aus den beiden Monosacchariden Fructose und Glukose.

  Der Traubenzucker verbreitet sich über die Blutbahn und wird mithilfe des Hormons Insulin in die Körperzellen eingeschleust. Dort dient die Glukose als zentraler Energielieferant. Glukose-Überschüsse werden in Fett umgewandelt und in körpereigenen Speichern eingelagert. So kommt es langfristig zu einem deutlichen Zuwachs der Körperfettmasse, also zu Übergewicht.

  Die Fructose wird in der Leber verstoffwechselt und dort zu Glykogen umgewandelt. Auch hier werden zu hohe Mengen zu einem echten Gesundheitsproblem, denn Fruchtzuckerüberschüsse lassen die Leber fetten und fördern auch das sogenannte metabolische Syndrom: Unter diesen Begriff werden verschiedene Risikofaktoren zusammengefasst, die die Entstehung von Herz-Kreislauf-Erkrankungen wie zum Beispiel einen zu hohen Blutzuckerspiegel, gestörte Fettstoffwechselvorgänge, Adipositas oder Bluthochdruck begünstigen können.

- **Laktose:**
  Das ist der Milchzucker, ebenfalls ein Zweifachzucker (Disaccharid) aus Galaktose (Schleimzucker) und Glukose. Diese Zuckerart ist von Natur aus in Milch und Milchprodukten enthalten. Laktose ist nur halb so süß wie kristalliner Haushaltszucker, dennoch wird auch Milchzucker diversen Nahrungsmitteln zugefügt, so zum Beispiel als Füllstoff oder als Streckmittel.

- **Maltose:**
  Malzzucker ist ebenfalls ein Zweifachzucker, der aus zwei Glukose-Molekülen besteht. Maltose findet sich in Brot, in Bier, Limonaden, Süßigkeiten, aber auch in Light-Produkten.

Weißer oder brauner Zucker? Was ist gesünder?

Immer wieder heißt es, dass brauner Zucker gesünder sei als weißer, doch was ist an dieser Behauptung tatsächlich dran?

Diese Annahme ist leider ein Trugschluss. In puncto Kalorien gibt es überhaupt keinen Unterschied zwischen weißem und braunem Zucker: Beide Arten liefern rund 400 Kalorien. Auch für die Zahngesundheit sind beide Zuckerarten gleich schlecht.

Allerdings sind in braunem Zucker – im Vergleich zu weißem Zucker – kleine Mineralstoffspuren enthalten. Unterschiede gibt es vor allem hinsichtlich des Geschmacks sowie der Haltbarkeit: Brauner Zucker hat einen etwas malzigeren Geschmack und verdirbt im Vergleich zu herkömmlichem weißem Zucker etwas schneller.

Wie wirkt Zucker auf unseren Körper?

Wie nehmen wir süße Geschmäcker eigentlich wahr?

Die Wahrnehmung süßer Geschmäcker findet ausschließlich im Mundraum statt. Andere Aromen hingegen werden auch über den Geruchssinn und die Nase wahrgenommen, so zum Beispiel Gewürze wie Vanille oder Zimt. Süße ist eine Geschmacksempfindung, die in unserem menschlichen Gehirn entsteht, nachdem Zuckermoleküle auf der Zunge an bestimmte Schlüsselstellen andocken. Diese Rezeptoren sind zuständig für die Signalübertragung ins Gehirn und funktionieren vereinfacht ausgedrückt wie Schlüssellöcher. Bestimmte Moleküle, also Zuckerteilchen, bilden die Schlüssel dazu. Die Geschmacksrezeptoren befinden sich auf den Zellen der sogenannten Geschmackspapillen: Jede Papille – auch bezeichnet als Geschmacksknospe – besteht aus ungefähr 100 Zellen. Ein erwachsener Mensch hat im Schnitt 2000 bis 5000 dieser Geschmacksknospen. Bei einem neugeborenen Baby sind es sogar doppelt so viele.

Für den Bittergeschmack gibt es auf der Zunge eines Menschen über 25 verschiedene Rezeptoren, beim Süßgeschmack ist es hingegen nur ein einziger, der kann allerdings viele verschiedene Süßgeschmacks-Moleküle wahrnehmen. Stoffe, die einen süßen Geschmack haben, können aus chemischer Sicht unterschiedlich aufgebaut sein und zu unterschiedlichen Stoffgruppen gehören wie Proteine, Kohlenhydrate oder zu den Zuckeraustauschstoffen.

Jede Geschmacksrichtung reizt auf ganz besondere Art und Weise die Sinneszellen der Geschmackspapillen. So erzeugt Salz beispielsweise – ähnlich wie Saures – eine ganz schwache elektrische Spannung im Inneren der Zellen. Dieser Impuls wird schließlich über die Nervenbahnen zur Großhirnrinde weitergeleitet.

Auch die anderen Geschmäcker reizen die Geschmacksknospen. Das funktioniert über spezielle Rezeptorproteine in der Zellmembran, also der

Zellaußenhaut. An diese Eiweiße docken die unterschiedlichen Geschmacksstoffe an und bringen auf diese Weise diverse chemische Prozesse in Gang, die ebenso in einem elektrischen Impuls münden. In den Nervenzellen der menschlichen Großhirnrinde werden diese geschmacklichen Reize anschließend analysiert. Das dabei entstehende Erregungsmuster bestimmt, ob ein Geschmack als angenehm oder eher abstoßend empfunden wird.

Nach dem Verzehr von beispielsweise Gummibärchen steigt im Gehirn die Konzentration von körpereigenen Opiaten. Noch besser schmeckt dem Gehirn die Kombination aus Zucker und Fett, zum Beispiel in Form von Eiscreme mit Schokolade. Das eigene Belohnungssystem springt an, denn süße Geschmäcker werden vor allem mit wahren Wonnegefühlen, Entspannung, guter Stimmung und einer tiefen Zufriedenheit assoziiert. Schon Urvölker, die bis dato noch keinen Zucker in Reinform kannten, reagierten begeistert auf Süßwaren, die Anthropologen ihnen mitbrachten. Im Grunde war Süßes für den Menschen jahrtausendelang ein seltener Luxus, doch entwicklungsgeschichtlich bedingt scheinen wir alle auf die süße Sucht und dem Gute-Laune-Energie-Kick programmiert zu sein.

Ist Zucker tatsächlich eine Droge und wie beeinflusst er unser Gehirn?

Zucker scheint nach Meinung von Gesundheits- und Ernährungsexperten tatsächlich wesentliche Auswirkungen auf den Körper zu haben. Aus diesem Grund taucht auch oftmals der Begriff „Zuckersucht" auf. Es ist also von einer Art Abhängigkeit die Rede, doch kann man tatsächlich von Zucker abhängig sein? Hirnforscher, Ernährungswissenschaftler und Psychologen sind sich in diesem Punkt noch nicht wirklich einig!

Eines steht jedoch mit Sicherheit fest: Zucker ruft im menschlichen Hirn wie oben beschrieben eine Art Belohnungseffekt hervor, der vergleichbar ist, mit dem Effekt, der im Gehirn nach dem Konsum von Rausch- und Betäubungsmitteln entsteht. Dieses Höhegefühl entwickelt sich vor allem im „Nucleus accumbens", dem vorderen Gehirnareal, schräg oberhalb er der Augen und genau hier liegt auch das Belohnungssystem.

Allerdings gibt es sehr große Unterschiede zwischen den Auswirkungen des Zuckerkonsums und denen des Drogenkonsums beziehungsweise sonstigen Abhängigkeiten. Süchtige Personen verspüren ein unstillbares Verlangen nach einer bestimmten Substanz. Wird dem Organismus dieser Stoff letztendlich nicht zugeführt, kommt es zu verschiedenen Beschwerden und massiven Entzugserscheinungen: Es dreht sich alles nur noch um die jeweilige Droge!

Natürlich können wir auch ein Verlangen nach zuckerreichen Nahrungsmitteln wie zum Beispiel Schokolade, Keksen oder Kuchen verspüren, doch kann man hier wirklich bereits von einer Sucht sprechen? Nein, das wohl kaum!

Aus rein genetischem Aspekt betrachtet, sind wir Menschen darauf programmiert, energiereich und somit auch zuckerhaltig zu essen. Zucker liefert dem Körper nicht nur zahlreiche Kalorien, sondern schmeckt auch herrlich süß. Eine solch angenehme Geschmacksnuance stuft das Gehirn natürlich als „ungefährlich" ein und gibt somit grünes Licht für den weiteren Verzehr. Bei bitter schmeckenden Nahrungsmitteln wie zum Beispiel Artischocken ist das hingegen nicht der Fall, obwohl es definitiv gesünder wäre zu einem solchen Lebensmittel zu greifen, anstatt zu Zucker!

Die verschiedenen Gehirnareale, die das Verlangen nach Drogen sowie die Lust auf Zucker steuern, überschneiden sich also. Trotzdem hält die Lust auf Süßwaren deutlich kürzer an und klingt nach einer gewissen Zeitspanne auch von allein wieder ab. Wer standhaft bleibt und von seinen Prinzipien nicht abweicht, wird merken, dass der Heißhunger schon bald verschwunden ist. Bei Drogenabhängigen ist das leider nicht der Fall.

Zudem muss dazu gesagt werden, dass der Zuckerkonsum das menschliche Verhalten bei Weitem nicht so stark beeinflusst wie der tatsächliche Drogenkonsum.

Wir alle wissen vermutlich, wie schnell sich irgendwelche Vorlieben einschleichen können. Diese dann aber wieder loszuwerden, ist oft alles andere als einfach und gestaltet sich als langwieriger Prozess. Denn auch unser Geschmackssinn gewöhnt sich mehr und mehr an die Süße der verschiedenen Nahrungsmittel. Das ist aber keine Sackgasse und wir können es durchaus schaffen, unseren Geschmack wieder umzugewöhnen. Jeder, der schon einmal eine Fastenkur absolviert hat, weiß wie herrlich süß bereits ein kleines Stückchen Obst schmecken kann nach der Zeit des Verzichts. Mit ein wenig Disziplin und Durchsetzungsvermögen ist eine Umprogrammierung also problemlos möglich!

Wie beeinflusst Zucker den Insulinspiegel?

Ebenso wie Bewegung, Schlafen oder Atmen ist auch Essen ein Vitalbedürfnis aller Lebewesen. Das heißt, dass auch wir Menschen das tun müssen oder es reflexartig tun, um am Leben zu bleiben. Essen und Trinken versorgt unseren Organismus mit essenziell wichtigen Nähr- und Vitalstoffen, mit wertvoller Energie sowie mit lebensnotwendiger Flüssigkeit. Auf diese Weise kann der Körper gesund und leistungsfähig bleiben und ebenso seine Regenerationsfähigkeit erhalten. Zucker ist dabei eine grundlegend wichtige Energiequelle für die menschlichen Zellen. Über die Darmschleimhaut gelangt der Zucker ins Blut, wo er schließlich als Blutzucker (Blutglukose) zum Energielieferanten für die unterschiedlichsten Körperzelltypen wird.

Am „hungrigsten" sind dabei die Gehirnzellen, die über alle Gedanken, Emotionen und körperlichen Funktionen wachen.

Damit die Körperzellen den Zucker jedoch überhaupt aufnehmen und verwerten können, sind die meisten Organe und das Körpergewebe – wie etwa das Fettgewebe und die Muskeln auf einen ganz bestimmten Botenstoff angewiesen – nämlich das Insulin!

Dieses Hormon wird in den Zellen der Bauchspeicheldrüse (Pankreas) gebildet und funktioniert ähnlich wie ein Schlüssel: Dazu bindet sich das Insulin an bestimmten Strukturen auf der Zelloberfläche der Leber-, Muskel- und Fettzellen. Diese Schlüsselstellen werden als Rezeptoren bezeichnet. Sobald das Insulin an diesen Rezeptoren angedockt hat, wird eine Signalkette ausgelöst, die bis zum Zellkern reicht. Im Zellkern, dem sogenannten Nucleus, wird schließlich die Neubildung von Transportern veranlasst, um den im Blut enthaltenen Zucker in die Zellen einzuschleusen. Dort wird er in die Mitochondrien weitertransportiert, die sogenannten Kraftwerke der Zellen: Sie dienen in erster Linie der Energiegewinnung, beispielsweise für geistige oder körperliche Tätigkeiten.

Je schneller die Glukose in den Darm kommt – also zum Beispiel nach dem Verzehr von Süßigkeiten oder süßen Getränken, desto rascher steigt auch der Blutzuckerspiegel an. Infolgedessen erhöht sich auch die Insulinkonzentration. Der Körper versucht schließlich den Zucker so schnell wie nur möglich zu verwerten und den Blutzuckerspiegel somit wieder zu senken.

Durch das Insulin wird jedoch auch die Aufnahmefähigkeit des Gehirns für eine bestimmte essenzielle Aminosäure aus Nahrungseiweißen gefördert, nämlich die sogenannte proteinogene Aminosäure Tryptophan. Sie wird im Hirn in das Gute-Laune-Hormon Serotonin umgewandelt, das spontan die Stimmung anhebt. So bietet ein kleiner Schokoriegel oder eine Handvoll Gummibärchen bei schlechter Laune oder einer drohenden Erschöpfung eine Erleichterung im Doppelpack: Zum einen bekommt der Körper eine Extraportion Energie und zum anderen einen Gute-Laune-Schub. Bedauerlicherweise hält aber beides nicht sehr lange an, denn je schneller der Blutzucker nach einer Mahlzeit ansteigt, umso höher ist auch die Insulinausschüttung und letztlich auch wieder der Abfall des Blutzuckerspiegels. Der Blutzucker sackt also ebenso rasch wieder nach unten, wie er zuvor angestiegen ist.

Die Folge sind Heißhungergelüste nach weiteren zuckerreichen Nahrungsmitteln wie etwa einen Schokoladenriegel, ein Stück Kuchen oder eine Scheibe Brot. Je schneller der Blutzuckerspiegel also sinkt, desto intensiver breitet sich im Gehirn ein Gefühl der Unterzuckerung aus, denn vor allem das Hirn ist auf Zucker angewiesen. Bis zu sechs Gramm Glukose verbraucht das menschliche Gehirn innerhalb einer Stunde. Wie gut gesättigt wir uns nach einer Mahlzeit fühlen, hängt nicht mit den aufgenommenen Kalorien zusammen, sondern vielmehr mit der Mahlzeitenzusammenstellung. Je mehr Stärke und Zucker im Essen enthalten ist, desto rascher entsteht auch erneut ein Heißhungergefühl.

Du siehst also, dass es für die Zuckerverwertung ein ganz sensibles körperinternes Gleichgewicht braucht. Der Organismus kann den Zucker, der aus der Nahrung aufgenommen wird, nicht einfach so verwerten, sondern braucht das Insulin um damit sozusagen „die Körperzellen zu öffnen“. Erst in den Körperzellen – genauer gesagt in den Mitochondrien (Zellkraftwerken) kann der Zucker in nutzbare Energie umgewandelt werden. Diese Energie wird als ATP bezeichnet und dient dem Körper für die Bereitstellung und Aufrechterhaltung der grundlegend wichtigen

Vitalstoffprozesse – von der Funktion der Organe, über die Zellteilung bis hin zur kleinsten muskulären Bewegung.

Um eine gute Balance zwischen dem Blutzucker und dem Insulin zu erzielen sollte auf eine Stoffwechsel-angepasste Ernährungsweise – bestehend aus vielen frischen, pflanzlichen Nahrungsmitteln, hochwertigen Fettsäuren, komplexen Kohlenhydraten und wertvollen Proteinen – gesetzt werden. Auch eine adäquate Flüssigkeitsversorgung darf natürlich nicht fehlen. Des Weiteren sollten zwischen den Mahlzeiten auch ausreichend lange Essenspausen von mindestens vier Stunden gemacht werden. Damit vermeidest Du eine Achterbahnfahrt des Blutzuckers, ungesunde Insulinspitzen und entlastest Deine Bauchspeicheldrüse.

Braucht unser Körper tatsächlich Zucker?

Die Antwort auf diese Fragestellung lautet ganz eindeutig „Nein" – und das, obwohl Glukose (Traubenzucker) lebenswichtig für den Organismus ist, denn Glukose ist der Treibstoff der Zellen und somit sehr wichtig für diverse Körperfunktionen.

Das menschliche Gehirn verbraucht jeden Tag rund 140 Gramm Traubenzucker, doch um die Bedarfsdeckung mit diesem essenziellen Stoff zu gewährleisten, muss kein reiner Zucker gegessen werden. Diesen Energiebrennstoff kann der Organismus aus kohlenhydratreichen Nahrungsmitteln – und mit ein wenig mehr Arbeit auch aus Fettsäuren und Proteinen – produzieren. Zucker ist also ein reines Genussmittel, auf das wir ganz problemlos verzichten könnten.
So köstlich zuckerreiche Nahrungsmittel auch sein mögen, langfristig leiden nicht nur die Silhouette und die Zähne, sondern auch die geistige Gesundheit.

So haben britische Forscher festgestellt, dass Menschen, die pro Tag mehr als 67 Gramm Zucker – in Form von süßen Getränken und Süßwaren verzehren, innerhalb einer Zeitspanne von fünf Jahren viel häufiger psychische Störungen entwickeln als Menschen, die einen deutlich geringeren Zuckerkonsum haben (weniger als 40 Gramm täglich).
Zu diesen Störungen gehörten vor allem Depressionen und Angstzustände. Auch häufigere Demenzerkrankungen wurden beobachtet, was zeigt, dass Zucker auch am menschlichen Gedächtnis nagt (vgl. Knöppel et. al. 2016).

Zucker – ein süß schmeckender Krankmacher

Der Körper braucht also Zucker für bestimmte interne Vorgänge, doch nicht jede Art von Zucker und vor allem nicht in übermäßigen Mengen. Hier geht es vor allem darum, exakt hinzuschauen – angefangen bei der Zuckerart bis hin zur täglichen Verzehrmenge.

Wird mit Zucker verantwortungsbewusst und maßvoll umgegangen, kann der Stoff im Organismus durchaus auch positive Eigenschaften entfalten und dort maßgeblich der Energiebereitstellung dienen.

Wird hingegen langfristig zu viel Zucker aufgenommen, kann das der Gesundheit deutlich zusetzen. Vor allem macht zu viel ausgeschüttetes Insulin krank: Um den Blutzucker zu senken, schüttet die Bauchspeicheldrüse das Hormon Insulin aus. Doch wenn die Zellen nicht mehr in der Lage sind, Zucker aufzunehmen, reagieren sie auch nicht mehr ordnungsgemäß auf das Insulin. Steigt nun der Blutzuckerspiegel an, schüttet die Bauchspeicheldrüse noch mehr Insulin als sonst aus, um die Zellen quasi „dazu zu zwingen", den überschüssigen Zucker aus dem Blutkreislauf aufzunehmen. Das ist jedoch sinnlos, wenn die Zellen bereits voll sind. In ihrer Bedrängnis schotten sie sich sozusagen noch weiter ab. Die Folge ist eine sogenannte Insulinresistenz, die zu einem Diabetes Typ 2 führt. Ein dauerhaft erhöhter Insulinspiegel sorgt somit nicht nur für ein zu hohes Körpergewicht, sondern führt höchstwahrscheinlich auch zur Zuckerkrankheit und vielen anderen Zivilisationserkrankungen.

Die negativen Auswirkungen des Zuckerkonsums im Überblick

Ein übermäßiger Zuckerverzehr kann gesundheitsgefährdende Folgen nach sich ziehen. Hierzu gehören beispielsweise:

- nicht erklärbare Zustände der Ermüdung und Erschöpfung
- Energie- und Antriebslosigkeit
- depressive Verstimmungen
- Angstzustände
- Innere Unruhe
- Probleme des Magen-Darm-Trakts wie etwa Durchfall, Verstopfung, Krämpfe und Blähungen.
- Pilzbefall
- Verminderte Schlafqualität und Schlafstörungen
- Konzentrations- und Leistungsabfall
- Verwirrtheit
- Nervosität
- Hauterkrankungen
- Haarausfall
- Menstruationsbeschwerden.

Eine besonders interessante Konsequenz eines übermäßigen Zuckerkonsums ist, dass der ganze Organismus im Gesamten anfälliger für Infektionskrankheiten wird. Die gesamte Immunabwehr wird zunehmend schwächer im Kampf gegen Bakterien und diverse Krankheitserreger. Das Immunsystem ist nicht mehr in der Lage, den Organismus effizient gut zu schützen.

Kurzum lässt sich also sagen, dass ein zu hoher Zuckerkonsum – vom Gehirn über die körpereigene Immunabwehr bis hin zu den Gelenken und Knochen – krank machen kann. Die süßen Zuckerkristalle sind unter Umständen noch viel gesundheitsschädlicher als ursprünglich angenommen, denn das süße Gift greift unseren Organismus auf viele verschiedene Weisen an. Das hat vor allem den Hintergrund, dass sich jede Zuckersorte aus unterschiedlichen Molekülen zusammensetzt und diese unterschiedlichen Auswirkungen auf den Organismus haben. Das Brandgefährliche daran ist, dass wir meistens überhaupt nichts davon ahnen. So versuchen viele Mütter und Väter die Kinder, der Zahngesundheit zuliebe, von Schoko,

Gummibärchen und Co. fernzuhalten, erlauben aber das Trinken von süßen Limonaden und Fruchtsäften, die unter Umständen noch viel schädlicher sind.

Auch schlanke Menschen greifen häufiger zu Süßigkeiten, so ganz nach dem Motto: „Ich kann es mir vom Gewicht her ja leisten." Doch sie ahnen in einem solchen Fall überhaupt nicht, dass das Idealgewicht keinesfalls ein Schutz vor bestimmten Krankheiten wie etwa eine Fettleber ist.

Vor allem ein zu hoher Fruchtzuckerkonsum kann über eine längere Zeitspanne hinweg, die Entstehung einer Fettleber begünstigen. Das liegt vor allem daran, dass der Fruchtzucker in erster Linie über die Leber verstoffwechselt wird und nicht wie Glucose über den Blutzuckerspiegel. Die Leber wandelt die Fructose in Fettsäuren um, die über den Blutkreislauf in den Körper geschickt werden. Trinken wir zu viele Fruchtsäfte, reichert sich beispielsweise eine zu hohe Fruchtzuckermenge in der Leber an. Das Organ kann seiner Arbeit gar nicht mehr wirklich nachkommen, gerät aus der Balance und produziert deutlich mehr Fettsäuren als notwendig! Sie schafft es zudem nicht mehr, diese Fettsäuren in den Blutkreislauf zu bringen und lagert diese demnach selbst ein – und zwar in Form von Fett. So kommt es langfristig zu einer Verfettung des Organs – unabhängig vom eigentlichen Körpergewicht!

Des Weiteren bewirkt eine Fettleber auch eine sogenannte Insulinresistenz, die ihrerseits noch mehr die Fettbildung und Fetteinlagerung fördert. Ein echter Teufelskreis!

Zusätzlich fördert Fruchtzucker auch den Hunger auf noch mehr. Fructose bewirkt also nicht die Ausschüttung des Sättigungshormons Leptin. Anders gesagt: Obwohl wir essen und Energie aufnehmen, verschwindet der Appetit nicht, wodurch wir noch mehr essen!

Die Zusammenhänge sind also sehr komplex und jede Zuckerform wird von unserem Körper in einer anderen Form verarbeitet.

Ein konstanter Blutzuckerspiegel – ist das A und O

Ein ausbalancierter Blutzuckerspiegel ist grundlegend wichtig für die Gesundheit, liefert uns ausreichend Energie und schützt vor allem vor unerwünschten Heißhungerattacken!

Hier gibt es drei allgemeingültige Tipps, um starke Blutzuckerschwankungen zu vermeiden:

- ✓ Ballaststoffe essen
  Das verzögert die Zuckeraufnahme. Verzichte daher auf süße Getränke und iss lieber frische Früchte, anstatt Fruchtsäfte zu trinken! Die besten Ballaststofflieferanten sind aber Hülsenfrüchte und Vollkornprodukte!

- ✓ Integriere Fette in deine Mahlzeiten
  Fett bremst ebenfalls den Blutzuckeranstieg und diesen Vorteil kannst Du Dir im Rahmen der täglichen Mahlzeiten zunutze machen! So sorgen Kartoffeln mit Butter beispielsweise für einen deutlich geringeren Blutzuckeranstieg und eine verminderte Insulinausschüttung als Kartoffeln allein.
  Ähnlich ist es übrigens auch bei Nudeln in Kombination mit hochqualitativen Ölen wie etwa kaltgepresstes Oliven- oder Rapsöl.
  Nutze hochwertige Öle z. B. „Olivenöl extra nativ" für die Salate und zum Braten Öle, die bis zu 220 Grad geeignet sind, z. B. „Raffiniertes Olivenöl". Hochwertige Öle sind bis zu maximal 180 Grad geeignet.

- ✓ Vermeide süße Snacks für zwischendurch
  Auch ein Dessert nach den Hauptmahlzeiten lässt den Blutzuckerspiegel deutlich langsamer ansteigen als Süßigkeiten auf den leeren Magen. Pudding, Kekse, Schokolade oder Eis sollten daher lieber als Nachtisch genossen werden und nicht als Snack zum Naschen zwischendurch.

Wenn wir zu viel Zucker aufnehmen, überlasten wir den Stoffwechsel mit zu hohen Glucose-Mengen. Doch wohin mit der überschüssigen Glucose, die eigentlich aus dem Blut entfernt werden soll? Diese lagert der Körper zunächst einmal in die Glykogenspeicher – zum Beispiel der Leber – ein. Sind diese Speicher voll, wird der sämtliche Blutzucker, der nicht von der Leber, vom Herz, von den Muskeln sowie vom Gehirn verwertet werden kann, in Fett umgewandelt und in den Fettzellen gespeichert. Die Folge: Zu viel Zucker macht dick!

Merke:

Je mehr überschüssiger Zucker im Blutkreislauf vorhanden ist, desto mehr Fett wird eingelagert.

Neben der Gefahr einer Insulinresistenz und dem Erkranken an Diabetes Typ 2. fördert ein zu hoher Insulinspiegel auch die Entstehung von:

a. **Depressionen und Ängsten**

Süßwaren heben zwar kurzzeitig die Stimmung, doch diese Wirkung ist nicht von langer Dauer! Im Gegenteil: Langfristig konnten Mediziner einen Zusammenhang zwischen einem zu hohen Zuckerkonsum und einem erhöhten Risiko für Ängste und Depressionen feststellen. Zudem führt reichlich Zucker zu Konzentrationsstörungen, einer emotionalen Labilität und Hyperaktivität.

b. **Demenzerkrankungen**

Ein zu hoher Insulinspiegel und eine zu zuckerreiche Ernährung können das Risiko erhöhen, im Alter an Demenz zu erkranken. Auch Alzheimererkrankungen sind möglich. Es kann in diesen Fällen dazu kommen, dass nicht nur Körperzellen, sondern auch Gehirnzellen insulinresistent geworden sind. Insulin und Zucker sind von äußerst wichtiger Bedeutung für die Energiegrundversorgung der Gehirnzellen. Ist der Insulin- und Zuckerstoffwechsel gestört, können die grauen Zellen nicht mehr mit ausreichend Energie versorgt werden. Es kommt zu funktionalen Ausfällen und zum Absterben der Hirnzellen.

Des Weiteren unterdrückt Zucker die Aktivität eines bestimmten Wachstumshormons namens BDNF (Brain-Derived Neurotrophic Factor) das die Neubildung von Nervenzellen anregt. Dieses Wachstumshormon ist aber sehr wichtig für das Gedächtnis und die Denkleistung.

c. Karies

In unserem Zahnbelag leben bestimmte Bakterien, für die Kohlenhydrate und Zucker eine wichtige Nahrungsgrundlage sind. Sie wandeln diese Zucker in Säuren um, die wiederum den Zahnschmelz angreifen. Langfristig bilden sich auf diese Weise Karies. Personen, die übrigens von Natur aus, einen eher sauren Speichel haben, sind dafür besonders gefährdet.

d. Herz-Kreislauf-Krankheiten

Ein einziges zuckerhaltiges Getränk pro Tag steigert das Risiko für Kalziumablagerungen in den Arterien und erhöht somit signifikant die Herzinfarkt-Gefahr. Vor allem auch Fruchtzucker erhöhen die körperinternen Triglycerid-Werte. Diese Blutfette beeinflussen wiederum den Gesamtcholesterinspiegel negativ und das steigert die Gefahr für Bluthochdruck. Somit besteht insgesamt eine höhere Wahrscheinlichkeit, Herz-Kreislauf-Krankheiten zu entwickeln.

e. **Nicht alkoholbedingte Fettleber**

Dazu kommt es, wie bereits erwähnt, wenn der Körper zu viel Zucker verarbeiten muss. Dann kann es sein, dass die Leber in ihrer Funktionsweise maßgeblich beeinträchtigt wird und es kommt zu einer Verfettung des Organs. In den westlichen Industrienationen leidet rund jeder Vierte an einer solchen nichtalkoholischen Fettleber.

f. **Körperinterne Entzündungsprozesse und vorzeitige Alterung**

Ein übermäßiger Zuckerkonsum belastet das gesamte Bindegewebe: Das Kollagen und ebenso das Elastin in den Gelenken, in der Haut und in den Sehnen wird verhärtet und zunehmend geschädigt. Die Ursache hierfür sind klebrige Eiweiß-Zucker-Verbindungen und diese fördern auch die Entstehung von Entzündungsprozessen im Körperinneren.

Die Zellfunktionen verschlechtern sich mehr und mehr und die Zellen altern auch deutlich schneller.

Eine niederländische Universität führte eine Studie durch, in der Testpersonen das Lebensalter von ungefähr 600 Menschen anhand von Bildern erraten sollten. Personen mit hohen Blutzuckerwerten wurden dabei wesentlich älter eingeschätzt als sie tatsächlich waren.

g. Erhöhtes Risiko für Krebserkrankungen

Zucker ist ein sehr begehrter „Baustoff“ von bösartigen Tumorzellen. Diese Krebszellen ernähren sich sozusagen davon und wachsen infolgedessen auch rascher. Des Weiteren bewirken diese Zellen über bestimmte Signale, dass die gesunden Körperzellen den Zucker schlechter verarbeiten können und dieser somit ihnen zugutekommt.

Dauerhaft erhöhte Blutzuckerwerte führen also zu diversen Krebskrankheiten.

Auch eine aktuelle belgische Forschungsstudie stützt diese These, dass einige Krebszellen Zucker brauchen, um wachsen zu können. Die wissenschaftlichen Forscher des Flämischen Instituts für Biotechnologie der Katholischen Universität in Leuven sowie der Freien Universität in Brüssel untersuchten ganze neun Jahre lang den sogenannten Warburg-Effekt: Nach diesem Phänomen sollen Krebszellen größere Zuckermengen aufspalten können als gesundes Körpergewebe. Das regt das Tumorzellwachstum an. Die Forscher wissen bislang aber noch nicht, ob dieser Warburg-Effekt nur ein Symptom oder doch der Auslöser für diverse Krebserkrankungen ist.

Der übermäßige Zuckerkonsum ist also ein ernstzunehmendes Gesundheitsrisiko, das unter anderem die Entwicklung und auch das Wachstum von Krebszellen ständig anregt (vgl. Peeters et al., 2017).

Zuckerverzicht – warum ist dieser Schritt so sinnvoll und gesund?

Es gibt immer wieder positive Forschungsstudien, die aufzeigen und ganz klar verdeutlichen, dass ein verminderter Zuckerkonsum mit verschiedenen positiven, gesundheitlichen Veränderungen verbunden ist.

So konnte beispielsweise eine Studie mit über 30.000 Teilnehmern zeigen, dass diejenigen, die 17 bis 21 % der aufgenommenen Kalorien aus zugesetztem Zucker konsumierten, ein rund 38 prozentiges höheres Risiko besaßen, an Herzkrankheiten zu versterben, als diejenigen Studienteilnehmer, die lediglich 8 % der täglichen Kalorien aus zugesetztem Zucker konsumierten (vgl. Yang et. al. 2014).

Gefährlich ist also vor allem Zucker, der Nahrungsmitteln zusätzlich zum eigenen Zuckeranteil zugesetzt wird: Das ist beispielsweise bei Fertiggerichten und Fertigsoßen der Fall, weshalb diese im Sinne einer zuckerbewussten Ernährungsweise unbedingt vom Speiseplan entfernt werden sollten.

Des Weiteren gibt es Hinweise darauf, dass eine zuckerreiche Ernährungsweise zu körperinternen Entzündungsvorgängen, erhöhten Triglycerid- und Blutzuckerwerten, einem erhöhten Blutdruck sowie zu Fettleibigkeit führen kann. All das sind – wie oben bereits erwähnt – wesentliche Risikofaktoren für die Entstehung von gefährlichen Herzerkrankungen (vgl. DiNicolantonio, 2016).

Es gibt aber noch viele weitere gute Gründe, warum es sich für die eigene Gesundheit auszahlt, auf Zucker zu verzichten.

Die Vorteile des Zuckerverzichtes

Dein Gehirn bleibt fit und leistungsfähig!

Wenn Du übermäßig viel Fett oder Zucker konsumierst, kann das eine Vielzahl von Gedächtnisfunktionen stören. Für die geistige Fitness und Leistungsfähigkeit solltest Du daher lieber auf Zucker verzichten.

Ein Verzicht auf Zucker senkt den Blutdruck

Ein zu hohes Körpergewicht ist in nicht seltenen Fällen eine Folge eines zu hohen Zuckerkonsums. Gerade hierbei resultiert aber auch das Risiko, eines steigenden Blutdrucks. Ein zu hoher Blutdruck kann wiederum das Risiko für die Entstehung von Herz-Kreislauf-Erkrankungen wie zum Beispiel einem Herzinfarkt, einem Schlaganfall oder auch Schädigungen der Nieren begünstigen.

Durch einen bewussten Zuckerverzicht tust Du Deiner Gesundheit somit etwas richtig Gutes. Baue bewusst regelmäßige Bewegungseinheiten in Deinen Alltag ein und achte auf ein gesundes Gewicht. Ebenso solltest Du auf Nikotin verzichten. Des Weiteren ist es wichtig, dass Du für ausreichend Ausgleich und Entspannung sorgst, um Stress effektiv zu vermeiden. Dieser kann nämlich ebenfalls zu einem erhöhten Blutdruck führen.

Zuckerfreier Trinkgenuss als Schutzmaßnahme gegen Diabetes

Der regelmäßige Genuss von zuckerhaltigen Getränken wie zum Beispiel Energy-Drinks, zuckerhaltiger Eistee, Limonaden und Fruchtsäfte, kann das Risiko für ein metabolisches Syndrom sowie eine Diabetes-Erkrankung steigern. Dieser Begriff fasst diverse Risikofaktoren zusammen, die die Entstehung von Herz-Kreislauf-Erkrankungen begünstigen können. Hierzu gehören zum Beispiel Störungen der Fettstoffwechselprozesse, Bluthochdruck, Übergewicht oder ein zu hoher Blutzuckerspiegel.

Unter einem „regelmäßigen Konsum" werden in diesem Zusammenhang zwei Gläser oder mehr pro Tag verstanden, doch hier geht es nicht ausschließlich um Getränke, sondern auch um weitere Lebensmittel, denen Zucker zusätzlich zugesetzt wurde.

Insbesondere Getränke können aber zu einer echten Kalorienbombe werden. Achte aus diesem Grund unbedingt darauf, zuckerhaltige Getränke zu vermeiden und greife lieber zu Alternativen wie zum Beispiel Wasser oder ungesüßtem Tee.

Weniger Heißhunger durch einen verminderten Zuckerkonsum

Der Konsum von Zucker kann schnell zu einem Suchtfaktor werden. Je mehr Zucker Du konsumierst, desto mehr möchte Dein Körper davon haben. Der Vorteil einer zuckerfreien Ernährung liegt auch darin, dass der Heißhunger immer mehr nachlässt. Gerade am Beginn einer zuckerfreien Ernährung kann es schwer sein, auf Zucker zu verzichten, doch bereits innerhalb kurzer Zeit werden sich die gesundheitlichen Vorteile immer deutlicher bemerkbar machen und der Verzicht fällt Dir schon gar nicht mehr so schwer. Das Verlangen nach Süßem wir also stetig immer mehr nachlassen und Du wirst es gar nicht mehr vermissen.

Durch eine zuckerfreie Ernährung Geld sparen

Der Verzicht auf zuckerhaltige Nahrungsmittel kann nicht nur Deiner Gesundheit, sondern auch Deinem Geldbeutel etwas Gutes tun. Lebensmittel, die viel Zucker enthalten, sorgen dafür, dass Deine Zahngesundheit leidet und es häufiger zur Kariesbildung kommt. Ebenso kann es durch den hohen Zuckerkonsum zusätzlich zu einer Schwächung der Immunabwehrkräfte kommen. Häufigere Arztbesuche und höhere Kosten können die Folge sein.

Tu Deinen Zähnen und Deinem Immunsystem etwas Gutes und greife anstatt zu zuckerhaltigen Lebensmitteln lieber zu gesunden und zuckerfreien Nahrungsmitteln wie etwa einer Handvoll Nüsse.

Zuckerverzicht für mehr Power im Alltag

Vielleicht ist Dir auch schon aufgefallen, dass Du immer nach einer kohlenhydrathaltigen oder zuckerreichen Mahlzeit besonders müde und träge bist? Das liegt daran, dass Zucker dafür sorgt, dass Du schwerfällig und antriebslos wirst.

Gib Deinem Körper lieber frische und unverarbeitete Nahrungsmittel und Du wirst wieder leistungsfähig und voller Energie sein.

Weniger Zucker für mehr Wohlbefinden

Es dauert bestimmt ein paar Tage, bis Du Dich besser fühlen wirst, doch wenn Du mit dem Zuckerverzicht beginnst, wirst Du spätestens nach 40 Tagen deutliche Veränderungen an Deinem Körper sehen und auch spüren. Du fühlst Dich wacher, aktiver und einfach vitaler. Der Blutzuckerspiegel ist den gesamten Tag über konstant und Du leidest nicht mehr länger unter unerwünschten Heißhungerattacken.

Das lästige Nachmittagstief trifft Dich nicht mehr und Du kannst mit neuer Lebensenergie in Deinem Alltag durchstarten.

Die Schlafqualität verbessert sich

Ein zu hoher Zuckerkonsum kann sich negativ auf die Schlafqualität auswirken. Verzichte deshalb lieber auf dieses Genussmittel und Du wirst sehen, wie sich Dein Schlaf verbessert und Du keine Ein- oder Durchschlafprobleme mehr hast. Du fühlst Dich ausgeruhter und kannst voller Vitalität und Energie in den neuen Tag starten.

Zuckerverzicht für einen verbessertes und natürliches Geschmacksempfinden

Mit dem permanenten Konsum süßer Lebensmittel verändert sich auch der Geschmackssinn. Durch den Verzicht auf Zuckerhaltiges werden Deine Geschmacksknospen wieder neutralisiert und Du schaffst es, Dich von dem unnatürlich süßen Geschmack zu entwöhnen. Viele Lebensmittel werden Dir danach viel zu süß vorkommen. Gerade beim Obst kannst Du feststellen, dass es süßer schmeckt als bisher. Damit Du Deinen ursprünglichen Geschmackssinn wiedererlangen kannst, solltest Du somit bewusst auf Zucker und vor allem Produkte mit zugesetztem Zucker verzichten.

Weniger Zucker für ein strahlend reines und schönes Hauterscheinungsbild

Ein übermäßiger Verzehr von zuckerhaltigen Lebensmitteln oder Getränken kann dazu führen, dass Deine Haut beginnt, zu Unreinheiten zu neigen. Auch der Hautalterungsprozess schreitet schneller voran. Zucker hat eine entzündungsfördernde Wirkung und sollte daher vermieden werden. Gerade wenn Du zu Irritationen, Pickeln und Mitessern neigst, kann das auch am übermäßigen Zuckerkonsum liegen. Versuche somit, bewusst den Zuckergenuss einzustellen und Du wirst mit einem strahlend schönen und herrlich reinen Hautbild belohnt werden.

Zuckerverzicht ist gut für Herz und Leber

Ein übermäßiger Zuckerkonsum kann die Entstehung von Herz-Kreislauf-Erkrankungen fördern. Durch einen bewussten Zuckerverzicht förderst Du somit vor allem Deine Herzgesundheit.

Zucker hat aber nicht nur auf das Herz negative Auswirkungen, sondern auch auf die Lebergesundheit. Bei einem zu hohen Zuckerverzehr – insbesondere auch in Bezug auf industriell hergestellte und zugesetzte Fruktose – ist die Leber nicht mehr in der Lage diese zu verwerten und abzutransportieren. Die Folge ist eine zunehmende Verfettung des Organs. Verzichte deshalb auf den Verzehr von Zucker, um eine Überbelastung der Leber zu vermeiden.

Positive Effekte auf die Darmgesundheit

Gerade für die Darmgesundheit ist ein übermäßiger Zuckerkonsum gefährlich. Zu viel Zucker sorgt dafür, dass die Darmflora aus der Balance gerät und die Verdauungsvorgänge beeinträchtigt werden. Eine unregelmäßige Verdauung mit Verstopfungen, Völlegefühlen oder Blähungen sind die Folge.

Auch Darmpilze haben bei einer gestörten Darmflora ein leichtes Spiel. Candida albicans, ist ein Darmpilz der natürlicherweise die Flora des Darms besiedelt. Infolge eines übermäßigen Zuckerkonsums kommt es jedoch zu einer ungesunden Vermehrung dieses Pilzes, denn seine Nahrungsgrundlage ist Zucker.

Je mehr Zucker verzehrt wird, desto mehr kann dieser Pilz also wachsen und Deiner Gesundheit schaden. Insbesondere auch Heißhungerattacken, Blähungen und Bauchschmerzen können eine Folge des Candida-Pilzbefalls sein.

Wenn es Dir gelingt, auf Zucker zu verzichten förderst Du damit in wesentlichem Maß auch Deine Darmgesundheit. Die Darmflora kann sich regenerieren und die Verdauung pendelt sich wieder ein.

Kurzüberblick – deshalb lohnt sich der „Zucker-Detox“

Für die meisten Menschen stellt sich bereits nach kurzer Zeit des Zuckerverzichts ein positives Wohlbefinden ein.

- ✓ *Der Geschmackssinn wird verbessert.*
- ✓ *Die Schlafqualität steigt und Du schläfst besser.*
- ✓ *Du hast weniger gesundheitliche Beschwerden.*
- ✓ *Heißhungerattacken können vermieden werden.*
- ✓ *Du kannst besser mit Stress umgehen.*
- ✓ *Überschüssige Kilos verschwinden.*
- ✓ *Du hast weniger Verlangen nach Süßem.*
- ✓ *Der Verzicht auf Süßigkeiten fällt Dir nicht mehr schwer.*
- ✓ *Deine Blutfett- und Leberwerte verbessern sich.*
- ✓ *Dein Immunsystem wird gestärkt.*
- ✓ *Du beugst Karies vor.*
- ✓ *Die Darmflora bleibt in der Balance und die Entstehung von Darmpilzen wird verringert.*
- ✓ *Das Risiko von Herz-Kreislauf-Erkrankungen und Diabetes wird minimiert und verhindert.*

„Zuckerfrei leben" – so gelingt die zuckerbewusste Ernährung im Alltag

Komplett ohne Zucker funktioniert es nicht. Das Ziel einer gesunden und ausgewogenen Ernährung lautet immer, so wenig isolierten Zucker wie nur möglich aufzunehmen – das heißt, die Menge an industriellem Haushaltszucker einzustellen. Wenn diese Ernährungsumstellung gelingt, dann wirst Du auf vielerlei Weise davon profitieren.

Doch jede Ernährungsumstellung braucht auch einen konkreten Plan.

Zuckerfrei ist hoch im Trend und immer mehr Menschen schließen sich erfreulicherweise dieser gesunden Ernährungsweise an. Eine stark wachsende Menge von Menschen möchten sich ohne den weißen Dick- und Krankmacher ernähren und versuchen, lieb gewonnene Gewohnheiten zu verändern. Leider scheitern diese guten Vorsätze oft, zum Teil auch deshalb, weil es an gesunden und umsetzbaren Alternativen mangelt.

„Was soll ich einkaufen, wenn doch in jedem Lebensmittel, Zucker versteckt ist?“ oder „Was soll ich essen, wenn ich Heißhunger bekomme und die Kontrolle verliere?“ – diese und ähnliche Fragestellungen behindern den Weg in die Zuckerfreiheit, doch das muss nicht sein.

Hier einige wertvolle Tipps und Tricks für eine gelungene Zuckerfrei-Ernährung im Alltag:

- **Hungerattacken vermeiden**

  Iss in erster Linie unverarbeitete Lebensmittel und zwar solche, die Du selbst zubereitest! Zudem ist es wichtig, dass Du Deine Gewohnheiten ganz genau unter die Lupe nimmst, denn nur wenn Du schlechte Gewohnheiten erkennst, kannst Du diese auch aktiv verändern.

  Außerdem solltest Du Deine Ernährung so umstellen, dass es gar nicht erst zu Hungerattacken kommt. Setze lieber auf Lebensmittel, die lange sättigen und Dir gegen den Heißhunger helfen.

- **Koche selbst und frisch**

  Verzichte auf Fertigprodukte und koche selbst mit frischen Zutaten: Ungesüßte Milchprodukte, frisches Gemüse, Früchte, Vollkornprodukte, Samen, Fisch, Nüsse, Eier und falls gewünscht, in sehr geringen Mengen auch Fleisch: Eine ausgewogene Ernährung besteht immer aus einer gesunden Mischkost aus unverarbeiteten Lebensmitteln. Auf diese Weise machst Du garantiert nicht falsch!

- **Richtig würzen**

  Frische Kräuter sind die ideale Grundlage für Deine Gerichte, aber auch für Soßen und Dressings. Verzichte hingegen auf Fertigprodukte wie Fertigsoßen oder Ketchup! Gemüse kannst Du auch wunderbar mit ein wenig Käse überbacken anstatt zu fertigen Soßen zu greifen.

- **Gesund snacken, auch in stressigen Situationen!**
  Entscheide Dich in Stresssituationen für einen gesunden Snack wie etwa eine Handvoll Nüsse oder ein wenig Quark mit frischen, fruchtzuckerarmen Obstsorten und lerne allmählich seelische Belastungen und Druck nicht mit Schokolade oder Kuchen zu kompensieren.

  Es geht also im Kern darum, ein neues Verhalten einzuüben. Süßes kann uns nur für kurze Zeit über etwas hinwegtrösten und schon kurze Zeit später schlägt diese Emotion in Frust oder Langeweile um.

  Es gibt im Alltag immer wieder Situationen, die uns emotional herausfordern, doch wir müssen lernen, damit anders umzugehen als durch den Griff in die Keksdose oder in die Gummibärchen-Packung. Versuche, neue Gewohnheiten zu etablieren, zum Beispiel durch eine veränderte Abendroutine: Schalte mal nicht den Fernseher ein, denn hier begegnen Dir lauter TV-Werbungen, die Heißhunger nur noch mehr begünstigen. Nimm lieber ein wohltuendes Bad, lies ein Buch oder lass den Tag mit einer kleinen Meditationseinheit ausklingen.

  Mach Dir am besten einen Plan, damit Du perfekt vorbereitet bist, wenn der Heißhunger nach Süßigkeiten aufkommt. Das könnte zum Beispiel folgendermaßen aussehen: „Wenn ich das Bedürfnis nach etwas Süßem habe, gehe ich ein wenig im Wald oder im Park spazieren" oder „Wenn ich Heißhunger auf zuckerreiche Snacks verspüre, lege ich mich bequem auf die Couch und höre ein wenig Musik."

  Auf diese Art und Weise übst Du immer wieder neue Verhaltensweisen ein, wenn auch zunächst einmal nur mental! Durch Deine neuen mentalen Verhaltensweisen bist Du nun bestens gewappnet, sobald es darauf ankommt.

  Wenn es um schlechte und ungesunde Gewohnheiten geht, musst Du noch einem weiteren Aspekt ausreichend Beachtung schenken: Von natürlichen Nahrungsmitteln essen wir in der Regel nicht so viel wie der Körper braucht. Hingegen verleitet uns Süßes meistens dazu, zu viel davon zu essen. Dieses Phänomen ist auch aus der Tierzucht bekannt: Je fettreicher und süßer das Futter ist, desto eher überschreiten die Tiere die natürliche Sättigungsgrenze; sie fressen also mehr und werden somit auch rascher dick.

- **Bitterstoffe als natürlicher und hocheffektiver Appetitzügler**
  Bitterstoffe gehören zu den sogenannten sekundären Pflanzenstoffen. Ihre Wirkung besteht vor allem darin, dass sie Pflanzen aufgrund des Bittergeschmacks von Fressfeinden schützen sollen. Für uns Menschen können diese Bitterstoffe hingegen sehr gesund sein, denn sobald diese Substanzen mit den Rezeptoren auf der Zunge in Kontakt kommen, dämpfen sie den Appetit. Auf diese Weise erleichtern diese bitteren Geschmacksstoffe auch eine Gewichtsreduktion.

  Sie sind zudem auch bekannt und geschätzt als natürliches Heilmittel gegen Magen-Darm-Beschwerden. Einige Früchte- und Gemüsesorten enthalten von Natur aus, solche Bitterstoffe wie zum Beispiel Kohlrabi, Endivien, Grapefruits oder Brokkoli. Wenn Du Bitterstoffe gezielt einsetzen möchtest, kannst Du Dir in der Apotheke auch ein Konzentrat besorgen.

Es ist sehr wichtig, auf die eigene Gesundheit zu schauen und bewusst einmal zu versuchen, möglichst zuckerfrei zu leben. Das entlastet den Organismus auf vielfache Weise und befreit ihn wirksam vor Toxinen und Schlacken. Dennoch solltest Du auch eine ordentliche Portion Geduld mitbringen und die Ernährungsumstellung nicht zu einem Lebensprogramm machen.

Es ist völlig unproblematisch, hin und wieder ein kleines Stück Kuchen oder ein Eis zu genießen. Aus der Psychologie ist hinreichend bekannt, dass zu strenge Verbote und Einschränkungen, die Lust auf „verbotene, süße Nahrungsmittel" nur noch mehr steigern. Essenziell wichtig ist lediglich darauf zu achten, dass zuckerreiches Food nur eine seltene Ausnahme bleibt. Unter Umständen können bereits kleine Gewohnheitsänderungen dabei helfen, die Lust auf Gummibärchen, Schokolade & Co. zu mindern. So hast Du beispielsweise die Möglichkeit, feste „Naschtage zu planen" – so etwa einmal wöchentlich am Sonntag.

Mit 5 Schritten in Deine Zuckerfreiheit

Damit Dir der Weg in ein zuckerfreies Leben gelingt, solltest Du unbedingt langsam und schrittweise vorgehen:

1. Verschaffe Dir einen Überblick über die bisherigen Gewohnheiten:
    a. Welche zuckerhaltigen Lebensmittel hast Du im Haus?
    b. In welchen Situationen naschst Du besonders oft?
    c. Welches Bedürfnis möchtest Du damit unbewusst befriedigen?

   Um das herauszufinden, solltest Du im Idealfall ein Ernährungstagebuch führen, in dem Du jeden Tag notierst, was Du wann und zu welcher Situation gegessen hast.

2. Überlege nun, auf welche Naschereien Du am leichtesten verzichten kannst. Streiche zum Beispiel den Pudding am Nachmittag oder ersetze ihn durch einen gesunden Snack.

   Du kannst auch mit einem zuckerfreien Tag in der Woche loslegen. Oder nimm Dir vor, mit frischen Lebensmitteln selbst zu kochen und setze Dir dabei ein realistisches Ziel, zum Beispiel dreimal wöchentlich. Sobald Du das geschafft hast, steigerst Du die Anzahl der selbst gemachten Mahlzeiten. Beginne an Tagen, an denen Du keinem großen Stress ausgesetzt bist, so etwa am Wochenende.

3. Probiere mal etwas Neues aus, um Gewohnheiten zu verändern. Du wirst schnell merken, dass Geschmack nicht nur mit Süße zu tun hat und dadurch achtsamer essen.

4. Wenn Dir der Süßverzicht zu schwerfällt, sind kleine Krücken erlaubt. Bist Du es beispielsweise gewöhnt, Kaffee mit Zucker zu trinken, dann reduziere die Menge in mehreren Etappen. Verzichte schließlich ganz auf Süße und konzentriere Dich auf den Geschmack des Kaffees.

5. Für ein Leben mit wenig Süßigkeiten hat sich eine klare Grundregel bewährt: Iss nichts Süßes, wenn Du Hunger hast. Selbst wenn die Zeit knapp ist und zum Selberkochen nicht reicht, kannst Du Heißhunger zum Beispiel mit einem Stück Käse, einem Naturjoghurt, Haferflocken mit Milch, rohen Möhren, Kohlrabi oder Deinen Lieblingsnüssen besiegen.

So kannst Du Deinen Zuckerkonsum schrittweise reduzieren

Ein übermäßiger Zuckerkonsum ist ungesund und hat zahlreiche negative Folgen für die körperliche Gesundheit. Du nimmst automatisch wesentlich weniger Zucker auf, wenn Du auf vollwertige und unverarbeitete Nahrungsmittel setzt.

Zucker begegnet uns in zahlreichen Lebensmitteln, auch dort wir diesen nicht vermuten würden. Somit ahnen wir und unsere Familie nicht, dass wir davon zu viel konsumieren. Gerade die heranwachsenden Kinder gewöhnen sich schnell an die Süße und wollen intuitiv nur noch Lebensmittel mit künstlich zugesetztem Zucker essen. Bei vielen Eltern kommt das Bewusstsein zu einem besseren Umgang mit Zucker erst, wenn wir oder unsere Kinder ein zu hohes Körpergewicht haben. Dabei hat der zu hohe Zuckerkonsum neben dem Körpergewicht noch weitere schwerere Folgen, sodass wir zu spät mit einer Ernährungsumstellung oder dem Verzicht auf Zucker beginnen.

Hier findest Du einige Tipps, wie Du die Aufnahme von isoliertem (zugesetztem) Zucker noch weiter reduzieren kannst:

- Tausche zuckerreiche Fruchtsäfte, Energy-Drinks, Cola oder Limonaden gegen Wasser und ungesüßte Teesorten Deiner Wahl.
- Versuche, den Kaffee schwarz zu trinken, mit nur einem kleinen Schuss Milch oder verwende zum Süßen lieber Stevia: Damit erreichst Du eine natürlich, aber zugleich kalorienfreie Süße.
- Iss lieber Naturjoghurt und verzichte auf zuckerreiche Fertigjoghurts. Süße die Naturvariante mit frischen oder tiefgefrorenen Beeren. Du wirst sehen, dass Du mit einem einzigartigen Geschmack belohnt wirst, der sich deutlich von dem, aromatisierter zuckerhaltiger Joghurts unterscheidet.
- Iss lieber ganze Früchte und verzichte auf zusätzlich gesüßte Frucht-Smoothies.
- Tausche Süßigkeiten wie Gummibärchen, Schokolade, Kuchen & Co. gegen einen hausgemachten Mix aus Nüssen, Obst und einigen Schokoladensplittern mit einem Kakaoanteil von mindestens 85 %.

- Setze auf Essig-Öl-Dressings für Deinen Salat und verzichte auf süße Dressings wie Honig-Senf oder French-Dressing.
- Kaufe Ketchup, Soßen und Marinaden nur ohne Zuckerzusatz oder mache sie am besten selbst (siehe Rezepte).
- Achte bei Müsli-Riegeln, Müsli-Mischungen, Granola oder Frühstückszerealien darauf, dass pro Portion weniger als vier Gramm Zucker enthalten ist.
- Verzichte auf gezuckerte Frühstücksmüslis und genieße lieber Haferflocken mit frischen Beeren, ein Omelett mit Gemüse oder ein ungezuckertes Porridge.
- Verzichte auf gezuckerte und ungesunde Brotaufstriche wie zuckerreiche Marmeladen oder Nutella.
- Vermeide Alkoholgenuss sowie Getränke die mit Säften, Honig, Agavendicksaft oder Haushaltszucker gesüßt sind.
- Fokussiere Dich beim Einkauf immer auf frische, gesunde und nährstoffreiche Nahrungsmittel. Hier gilt als Faustregel: Abgepackte und industriell verarbeitete Nahrungsmittel sollten möglichst vermieden werden.

Isst Du zu viel Zucker – Anzeichen auf einen übermäßigen Zuckerkonsum

Der erste und wichtigste Weg, den eigenen Zuckerkonsum einzudämmen, ist es, die eigenen Mahlzeiten mit gesunden, vollwertigen und nährstoffreichen Zutaten selbst zuzubereiten.
An folgenden Anzeichen kannst Du erkennen, ob Du pro Tag zu hohe Zuckermengen aufnimmst:

- **Du verspürst permanent Hungergefühle**
  Wenn Du viel zuckerreiche Produkte konsumierst, ist Dein Blutzuckerspiegel konstant erhöht. Das wiederum beeinträchtigt jedoch die Glukoseaufnahme durch die Körperzellen, die aber eigentlich nach Zucker verlangen. Auf diese Weise wird dem Gehirn ein Hunger signalisiert, der tatsächlich aber gar nicht besteht.

- **Du leidest als Frau häufig unter Pilz- und Blaseninfektionen**
  Frauen, die einen stetig erhöhten Blutzuckerspiegel haben oder an einer Diabetes-Erkrankung leiden, haben laut Medizinern auch häufiger mit Pilz- und Blaseninfekten zu kämpfen. Hintergrund: Für die krankheitsauslösenden Bakterien ist Zucker eine wertvolle Nahrungsgrundlage und so können sie sich in hoher Anzahl vermehren.

- **Häufiger Toilettengang**
  Ein häufiger Toilettengang kann auch an einem zu hohen Zuckerkonsum liegen, denn je mehr Zucker im Blutkreislauf vorhanden ist, desto mehr versucht der Organismus diese Glukose zu reduzieren, indem sie über den Urin ausgeschieden wird. Auf diese Weise soll wieder eine innere Balance hergestellt werden. Es kommt somit zu einem verstärkten Harndrang, der in der medizinischen Fachsprache als Polyurie bezeichnet wird. Häufig ist das bereits ein Anzeichen für eine Zuckerkrankheit (Diabetes).

- **Ausgeprägte Hauttrockenheit**
  Dieses körpereigene Signal ist eine unmittelbare Folge der oben beschriebenen Polyurie. Wenn der Körper zu viel Flüssigkeit über den Urin ausscheidet, zeigt sich das auch am Hauterscheinungsbild: Es kommt zu einer ausgeprägten Hauttrockenheit mit rissigen und rauen Stellen. Im Übrigen können auch Mitesser-, Pickel- und Ekzeme-Beschwerden durch einen zu hohen Zuckerkonsum noch zusätzlich verschlimmert werden.

- **Hohes Durstempfinden**
  Auch das ist im Allgemeinen ein deutliches Anzeichen dafür, dass sich im Blutkreislauf zu viel Zucker befindet und Du dadurch überdurchschnittlich viel Feuchtigkeit verlierst. Der Organismus versucht durch das Durstgefühl zu signalisieren, dass er deutlich mehr Flüssigkeit braucht.

- **Müdigkeit und Erschöpfungszustände**
  Ein zu hoher Zuckerkonsum überfordert definitiv Deinen Organismus. Der Zucker – beziehungsweise die Glukose – kann in zu hohen Mengen überhaupt nicht mehr richtig verwertet werden. Auf diese Weise wird die Energie, die man dadurch bekommen könnte, gar nicht genutzt. Die Körperzellen erhalten also nicht die Power, die sie eigentlich brauchen. Infolgedessen kommt es zu einer ausgeprägten Müdigkeit und Erschöpfungszuständen.

- **Mangelnde Konzentrationsfähigkeit**
  Ist der Blutzuckerspiegel zu hoch, kann die Glukose überhaupt nicht dahin gelangen, wo sie am meisten gebraucht werden würde, nämlich zum Gehirn. Das Hirn geht gewissermaßen leer aus, weil die Zellen nicht mehr in der Lage sind, weiteren Zucker aufzunehmen. Die Folge ist, dass Du Deine Gedanken schwerer ordnen und Dich kaum konzentrieren kannst.

- **Unscharfes Sehen**
  Wenn Du durch eine zu hohe Zuckeraufnahme dehydriert bist, kann es auch dazu kommen, dass sich Deine Sicht immer mehr verschlechtert und Du beginnst, die Dinge unscharf zu sehen.

- **Launische Stimmungslagen**
  Ein übermäßiger Zuckerkonsum macht sich sehr häufig auch durch Stimmungsschwankungen bemerkbar. Im schlimmsten Fall kann es sogar zu Angststörungen oder depressiven Zuständen kommen. Doch warum eigentlich? Der Hintergrund ist, dass das Gehirn am besten funktionieren kann, wenn es immer mit der gleichen Glukosemenge versorgt wird. Wenn Du nun aber zu viel Zucker konsumieren und den Körper langfristig mit diesem Stoff überversorgst, ist er nicht mehr in der Lage, richtig damit umzugehen und das hat auch maßgebliche Wirkungen auf die Stimmungslage!

- **Erhöhte Infektanfälligkeit**
  Zucker hat in übermäßigen Mengen negative Auswirkungen auf die Leistungsfähigkeit des Immunsystems. Ist die Körperabwehr durch zu viel Glukose geschwächt, ist der Organismus insgesamt anfälliger für allerlei Infektionen und Erkrankungen.

Versteckter Zucker im Alltag

Eine gesunde, zuckerfreie Ernährung fängt bereits beim Einkauf an. Im Allgemeinen geht es nicht darum, ständig auf der Jagd nach möglichen versteckten Zuckerfallen zu sein, sondern darauf zu achten, dass industriell verarbeitete Lebensmittel wie etwa Fertiggerichte oder Fertigsoßen vermieden werden. Zucker lauert so gut wie überall, denn er wird zum einen sowohl als Konservierungsstoff als auch als Aromamittel eingesetzt. Neben diesen Eigenschaften ist Zucker für die Lebensmittelindustrie eine sehr preisgünstige Zutat.

Im Supermarkt gibt es aber auch jede Menge Zuckerbomben, so beispielsweise Fruchtjoghurts, Müslimischungen, Fruchtsaftgetränke sowie Milchmischgetränke wie zum Beispiel Schoko- oder Vanillemilch.

Insbesondere Kinder fällt es schwer an den Regalen mit süßen Getränken vorbeizukommen. Das kann beim Einkaufen eine Herausforderung sein. Dies liegt aber nicht nur an der zielgerichteten Werbung für Kinder, sondern an den Gewohnheiten vieler Eltern, die diese Zuckerbomben als Belohnung einsetzen und damit die Kinder an den süßen Geschmack gewöhnen.

Auch hier spielt unser Verhalten eine zentrale Rolle, denn Kinder, welche den süßen Geschmack nicht kennen, trinken sehr gerne ungesüßte Tees und Wasser mit Minze, Zitrone etc.

Hier findest Du die häufigsten Zucker-Quellen auf einen Blick zusammengestellt, um damit eine solide Grundlage für den nächsten Einkauf an der Hand zu haben.

Limonaden, Schorlen und Eistees

Im Allgemeinen sind Limonaden echte Zuckerfallen, denn in diesen Getränken stecken auf rund 300 Milliliter bis zu satten 27 Gramm Zucker! Ein gesunder Eistee lässt sich aber auch selbst herstellen.
Aber auch gekaufte Eistees und Schorlen punkten noch immer mit einem Zuckergehalt von 15 %! Bei solchen Erfrischungsgetränken lohnt sich also auf jeden Fall ein Blick auf die Zutatenliste: Viele sind verzuckert, ja sogar überzuckert!

Fruchtnektar, Fruchtsaft und Fruchtsaftgetränke

Auch Fruchtsäfte sind echte Zuckerbomben. Aus diesem Grund sollten sie nur in verdünnter Form im Glas landen, im optimalen Fall in einem Mischverhältnis von einem Teil Saft und drei Teilen Wasser. Es ist jedoch wichtig, zwischen den einzelnen Säften zu unterscheiden:

- Fruchtsäfte bestehen zu 100 Prozent aus Obst. Es handelt sich also hierbei um den reinen, aus der Frucht gepressten Saft, frei von Wasser- oder Aromazusätzen.
- Fruchtsaftgetränke bestehen zum einen aus Wasser und zum anderen aus Aromen, Zucker und Fruchtmark (oder Fruchtsaft). Der Fruchtmarkanteil liegt hier im Allgemeinen zwischen 6 und 30 % - je nachdem, welche Fruchtsorte verwendet wurde. In diesen Getränken steckt also verhältnismäßig wenig Obst!
- Fruchtnektar besteht zu ungefähr 25 bis 50 % aus Früchten.

  Verdeutlicht am Beispiel des Apfelsaftes, würde das wie folgt aussehen:

  In 300 Milliliter Apfelsaft stecken rund 30 Gramm Zucker! Das ist mehr als in manchen Eistees oder Limonaden. Im Apfel-Fruchtsaftgetränk, das eine Mischung aus Fruchtsaft und aromahaltigem Zuckerwasser ist, verbergen sich 24 Gramm Zucker!

  Dieser hohe Zuckergehalt wird von vielen Menschen häufig leider deutlich unterschätzt, denn der Produktname suggeriert eigentlich ein gesundes Nahrungsmittel.

Müslis

In fertigen Müsli-Mischungen steckt häufig reichlich Zucker, ganz egal, ob im vermeintlich gesunden Nuss-Müsli oder in speziellen Müsli-Mischungen: Beide Produkte enthalten rund 20 Gramm Zucker pro 100 Gramm Müsli.

Auch Schoko-Müsli punktet mit einem Zuckergehalt von 13 Gramm pro 100 Gramm. Um den Zuckerkonsum zu reduzieren, sollten diese Nahrungsmittel somit nicht im Einkaufskorb landen. Viel sinnvoller ist es, sich das Wunschmüsli selbst zuzubereiten oder die fertig gekaufte Mischung mit mindestens dem gleichen Anteil an Haferflocken zu vermischen.

Müsli-Riegel

Solche Riegel sind ein sehr beliebter Snack für den kleinen Hunger zwischendurch – hier sind sich Groß und Klein einig! Auch nach dem Sport ist ein Müsli-Riegel eine bequeme Wahl. Die Riegel sind lecker, praktisch verpackt und zudem recht lange haltbar. Doch bereits in einem Müsli-Riegel von rund 25 Gramm stecken zwischen fünf und acht Gramm Zucker!

Klingt so gar nicht viel? Ist es aber: Auf 100 Gramm hochgerechnet, würde das eine Menge von ungefähr 28 Gramm Zucker bedeuten.

Zudem sättigt ein 25-Gramm-großer Müsli-Riegel nicht in ausreichendem Maße: Schon kurze Zeit später meldet sich der Heißhunger auf weitere zuckerreiche Snacks zurück und der Blutzuckerspiegel fährt Achterbahn! Somit ist ein solcher Riegel eher eine Süßigkeit und kein gesunder Snack für den kleinen Hunger.

Zur selben Kategorie gehören auch Fruchtschnitten. Auch diese Produkte suggerieren Verbrauchern, dass sie hiermit ein sehr hochqualitatives und gesundheitlich wertvolles Produkt kaufen, doch im Grunde handelt es sich hier um echte Zuckerbomben: Fruchtschnitten punkten im Vergleich zu Müsli-Riegeln sogar mit dem doppelten Zuckergehalt, nämlich mit rund 13 Gramm Zucker pro Riegel!

Smoothies

Smoothies können in die gleiche Kategorie wie Fruchtsäfte eingeordnet werden, denn auch in diesen Getränken verstecken sich vergleichbare Zuckermengen. Der Zuckergehalt kann jedoch auch etwas niedriger ausfallen, beispielsweise dann, wenn im Smoothie der Gemüseanteil höher ist als der Obstanteil.

Dennoch sind Smoothies sehr kalorien- und zuckerreich. Hersteller bewerben diese Getränke sehr gerne als gesunde Alternative zu Früchten, doch Obst schneidet deutlich besser ab als Smoothies: Früchte haben nämlich viel mehr wertvolle Vitamine, Ballaststoffe, Mineralien und essenzielle Antioxidantien.

Grundsätzlich können Smoothies einen gesunden Ernährungsplan schon ergänzen, sie sollten in einem solchen Fall aber selbst zubereitet werden und eher als Snack zur Anwendung kommen und nicht als klassische Durstlöscher!

Vanille- und Schokomilch

Nicht nur Kinder lieben diese Getränke, doch mit satten 177 Kalorien pro Portion sind diese gesüßten Milchmischgetränke ein kompletter Snack, der aber leider für kein langanhaltendes Sättigungsgefühl sorgt. In rund 240 Milliliter dieser Milchmischgetränke stecken bis zu 25 Gramm Zucker.

Milch ist ganz allgemein kein passender Durstlöscher, sondern nur ein Flüssigsnack oder ein Dessert. Ebenso kann Milch als ein Mahlzeitenbestandteil gesehen werden, wie es zum Beispiel beim Müsli mit Milch der Fall ist.

Wenn Du solche Milchmischgetränke genießen möchtest, solltest Du diese unbedingt selbst zubereiten. Bedenke in diesem Zusammenhang, dass bereits in 250 Millilitern Milch von Natur aus rund 12 Gramm Milchzucker enthalten sind. Aus diesem Grund sollten die restlichen Zutaten zuckerfrei sein, so zum Beispiel naturbelassener Rohkakao oder echte gemahlene Vanille! So erzielst Du eine gesunde Schoko- oder Vanillemilch mit 100 % Geschmack!

Fertiggerichte und fertige Pizza

Eine fertige Salami-Pizza enthält rund 1,5 Teelöffel Zucker, nämlich knapp 8 Gramm. Solch zugesetzter Zucker sollte auf jeden Fall eingespart werden. Zucker ist sehr beliebt in der technologischen Lebensmittelproduktion, denn er hat eine sehr leichte Textur, er sorgt für eine ansprechende Kruste bei vielen Produkten und bindet zudem Wasser. Auf diese Weise sorgt in Fertigpizza zugesetzter Zucker für knackige Frische und lockere Knusprigkeit!

Daher gilt auch hier das Motto:

Nur wenn Du die Pizza selber machst, kannst Du ganz einfach den zugesetzten Zucker einsparen und erhältst damit die volle Kontrolle über alle verwendeten Zutaten.

Soßen, Marinaden und Ketchup

Fertigsoßen haben oftmals einen enormen Zuckeranteil, ebenso wie Ketchup! In Tomatensoße sowie im klassischen Ketchup ist zugesetzter Zucker der Gegenspieler der Säure, die in den Tomaten beziehungsweise im Essig steckt.

So kann in 100 Gramm Ketchup im Schnitt zwischen 20 und 30 Gramm Zucker stecken. Anders umschrieben, lässt sich sagen, dass in zwei Esslöffeln Ketchup rund zwei Teelöffel Zucker stecken!

Hier können auch Marinaden und Grillsoßen auf Tomatenbasis mithalten: So verbergen sich in Hot Mexican Salsa Soße rund 20 Gramm Zucker.
Im Vergleich hierzu steckt in Remoulade oftmals nur 5 Gramm Zucker pro 100 Gramm und in grünem Pesto sogar nur 2 Gramm Zucker!

Fruchtjoghurt

In vermeintlich gesunden Fruchtjoghurts kann sich bis zu 20 Gramm Zucker verstecken, inklusive dem im Obst enthaltenen Fruchtzucker.

Ähnlich sieht es bei Nuss-Joghurt aus: In diesem können nämlich sogar drei unterschiedliche Zuckerarten stecken:

a. Glukose-Fruktose-Sirup
b. Karamellzucker
c. herkömmlicher Zucker.

Bei diesen Produkten lässt sich Zucker jedoch sehr einfach einsparen! So kann Fruchtjoghurt einfach aus püriertem Obst selbst zubereitet werden. Aus Nuss-Mus und Naturjoghurt kannst Du übrigens auch ganz schnell und unkompliziert einen gesunden Nuss-Joghurt herstellen.

Das kleine Zucker-ABC – Zutatenlisten richtig lesen

Immer wieder begegnen uns beim Einkauf **verlockende Werbebotschaften**, die uns suggerieren möchten, dass viele Nahrungsmittel vermeintlich sehr gesund sind. Doch hier gilt es, besonders vorsichtig zu sein und auf diese Werbetricks nicht hereinzufallen.

Schaue daher immer auf die Zutatenliste der Produkte, die Du kaufen möchtest. Insbesondere in puncto Zucker gibt es nämlich viele verschiedene gesetzliche Regelungen:

- ***Zuckerfrei***
  Ein Produkt darf sich so nennen, wenn maximal 0,5 Gramm Zucker pro 100 Gramm enthalten sind.

- ***Zuckerarm***
  So nennt man ein Produkt, wenn pro 100 Gramm höchstens 5 Gramm – das entspricht in etwa einem Teelöffel – Zucker enthalten sind.

  In einem Naturjoghurt sind von Natur aus fünf bis sieben Gramm (Milch-)Zucker enthalten. Damit gilt dieser als zuckerarm oder sogar zuckerfrei. Bei Getränken wie Limonaden bedeutet zuckerarm hingegen, dass bereits in einem kleinen Glas von 200 Millilitern ungefähr 1 Teelöffel Zucker enthalten ist. Wer hiervon über den Tag verteilt zum Beispiel 4 Gläser trinkt, nimmt so rund 20 Gramm Zucker auf!

- ***Reduzierter Zuckergehalt***
  So darf sich ein Produkt nennen, wenn es mindestens 30 Prozent weniger Zucker enthält als herkömmliche Produkte. Der Kaloriengehalt muss hierbei gleich hoch oder sogar niedriger sein als bei Vergleichsprodukten.

  Ein Joghurt mit reduziertem Zuckergehalt kann also nicht hochkalorischer sein als ein normaler Joghurt.
  Ein reduzierter Zuckergehalt heißt also absolut nicht, dass diese Produkte kalorienarm sind.

- ***Ohne Zuckerzusatz***

  Das ist der Fall, wenn einem Nahrungsmittel keine Einfach- oder Zweifachzucker zugesetzt werden, also wenn dieses Lebensmittel von Natur aus Zucker enthält. Hierzu gehört beispielsweise Trockenobst.

  In Nahrungsmitteln „ohne Zuckerzusatz" sind auch Zuckeraustauschstoffe wie zum Beispiel Süßungsmittel erlaubt.

- ***Weniger süß***

  Diese Angabe ist gesetzlich überhaupt nicht geregelt und kann im Grunde alles oder nichts bedeuten. Anders formuliert heißt das, dass bereits ein Teelöffel Zucker weniger ausreicht, um diese Kennzeichnung zu erlangen.

- ***Mit Traubenzucker***

  Hierbei handelt es sich nicht um gesünderen Zucker, sondern schlicht und einfach um Glukose. Traubenzucker hat eine geringe Süßkraft als normaler Haushaltszucker, aber exakt denselben Energiegehalt.

  Es kann also durchaus sein, dass ein mit Glukose gesüßtes Produkt mehr Kalorien enthält als ein Vergleichsprodukt mit normalem Zuckergehalt. Die Erklärung hierfür ist ganz simpel: Es wird mehr Glukose benötigt, um denselben Süßungsgrad zu erlangen wie beim normalen Vergleichsprodukt.

- ***Mit Fruchtzucker***

  Auch diese Aufschrift klingt nach frischen Früchten, Vitaminen und somit gesund, doch ist alles andere als das! Besonders für die industrielle Nahrungsmittelproduktion ist das ein Vorteil: Fructose, das heißt Fruchtzucker, hat eine viel höhere Süßkraft als Zucker und ist zudem deutlich günstiger! Aus diesem Grund wird Fruktose häufig in vielen Kinder-Nahrungsmitteln und Süßwaren eingesetzt.

  Besondere Vorsicht ist mit diesen Nahrungsmitteln im Rahmen einer Fruchtzuckerunverträglichkeit geboten.

Auch wenn Du die Zutatenliste eines Produkts genau studierst, kannst Du dem Zucker nicht so einfach auf die Schliche kommen. Die erste Hürde sind bereits oft die in sehr kleiner Schrift gedruckten Inhaltsstoffe. Die zweite Hürde sind die Kürzel und Fremdwörter. Es ist also nicht so ohne Weiteres zu erkennen, hinter welchen Abkürzungen oder Fachbezeichnungen sich tatsächlich Zucker versteckt.

Mittlerweile haben sich über 70 unterschiedliche Bezeichnung für Zucker etabliert. Zudem benutzen die meisten Hersteller oftmals einen Zucker-Mix.

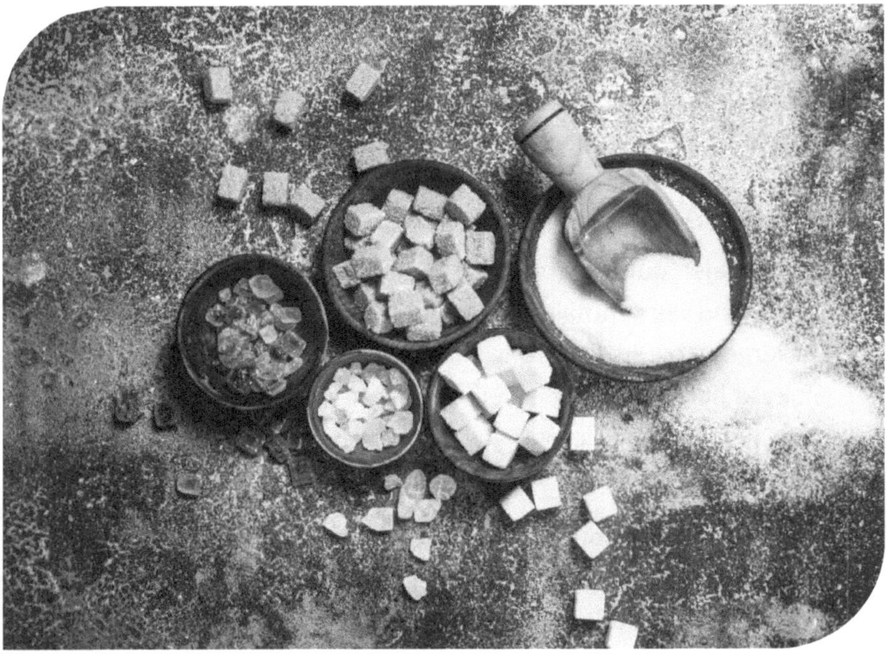

Eines lässt sich jedoch festhalten: Die Produktzutat, die im jeweiligen Nahrungsmittel den höchsten Anteil ausmacht, steht ganz vorne in der Zutatenliste.

Synthetisch-chemische Süßungsmittel	Teilweise hochverarbeitete Süßungsmittel
E 962 - Acesulfam-Aspartamsalz	Agavendicksaft
E 950 - Acesulfam-K	Dextrose
E 951 - Aspartam	Fruchtdicksaft
E 967 – Xylitol / Xylit / Birkenzucker	Fruchtsaftkonzentrat
E 952 – Calciumcyclamat / Cyclamat	Fruktose-Glukose-Sirup
E 968 – Erythrit	Gerstenmalzextrakt
E 953 – Isomalt	Glukose
E 966 – Lactit	Glukose-Fruktose-Sirup / Stärke-Sirup
E 965 – Maltitsirup / Maltit	Honig
E 421 - Mannit	Invertzuckersirup
E 959 - Neohesperidin DC	Karamell-Sirup
E 954 – Saccharin	Laktose
E 420 – Sorbitsirup / Sorbit / Sorbitol	Maltodextrin / Dextrin
E 960 - Stevioglycoside	Malzextrakt / Maltose
E 955 – Sucralose	Raffinose
E 957 – Thaumatin	Saccharose
E 150 - Zuckerkulör	Süßmolkepulver

Zuckerfrei gesund essen – so funktioniert´s

Der Verzicht auf zuckerhaltige Nahrungsmittel heißt keineswegs, dass Du und Deine Familie auf geschmackvolle Mahlzeiten verzichten müsst. Es geht hierbei vielmehr darum, dass Du das Augenmerk auf die richtige Auswahl der Lebensmittel legen sollst. Die Qualität ist ein wichtiger Aspekt, wenn es um eine gesunde Ernährung geht. Auf Eurem täglichen Speiseplan sollten wertvolle Lebensmittel stehen, die Euch die nötigen Nährstoffe bieten.

Fleischprodukte

Fleisch enthält wertvolle Inhaltsstoffe wie Zink, Eiweiß, Eisen und B-Vitamine. Beim Verzehr von Fleisch sollten Sie allerdings darauf achten, dass die Portionen (je nach gewählter Fleischart) bei 100 bis 250 Gramm pro Teller liegen. Der Fleischkonsum sollte pro Woche auf maximal zwei Tage beschränkt sein.

Damit die Mahlzeit Dir die nötigen Nährstoffe liefert, solltest Du auf eine entsprechende Gemüsebeilage Wert legen. Wenn Du Fleisch kaufst, solltest Du zudem auf eine artgerechte Tierhaltung und eine gute Qualität achten. Das Fleisch schmeckt viel intensiver, aromatischer und ist gesünder, wenn es nicht mit Hormonen oder Medikamenten versetzt ist. Achte zudem auch darauf, dass Du magere Fleisch- und Wurstsorten und eine fettarme Zubereitungsart wählst.

Als Faustregel kannst Du Dir hier merken: Das wertvolle Fleisch ist das weiße Fleisch wie etwa Geflügel, da dieses fettärmer ist als das rote Fleisch wie Lamm, Schwein und Rind.

Meeresfrüchte und Fisch

Fisch enthält eine Vielzahl an wertvollen Inhaltsstoffen wie zum Beispiel Eiweiß, die Vitamine A und D, die B-Vitamine, mehrfach ungesättigte Fettsäuren (Omega-3-Fettsäuren) und weitere Mineralstoffe. Gerade die Omega-3-Fettsäuren sind für den Organismus von besonderer Bedeutung. Diese kommen zum Beispiel in Sardinen, Hering, Heilbutt, Lachs, Thunfisch oder Sardellen vor. Diese hochwertigen Fettsäuren bieten dem Gehirn einen Schutz, fördern die Bildung von Botenstoffen und helfen Entzündungen und Depressionen entgegenzuwirken. Omega-3-Fettsäuren helfen dem Gehirn, gesund und leistungsfähig zu bleiben. Bereits 200 Gramm Fisch decken 70 Prozent des Tagesbedarfs an Eiweiß. Geschmackvoller Seefisch ist außerdem noch eine hervorragende Jodquelle.

Beim Einkauf von Fisch empfiehlt es sich, auf das Siegel des MSC (Marine Stewardship Council) zu achten. Dieses Unternehmen steht für den nachhaltigen Fischfang. Ein weiteres Siegel ist in diesem Zusammenhang das ASC-Siegel (Aquaculture Stewardship Council), welches für hohe Umwelt- und Sozialstandards steht.

Info – Die richtigen Fette zum Braten

Damit die wertvollen Inhaltsstoffe Ihrer Zutaten erhalten bleiben, solltest Du auf eine gute Fettqualität achten. Zum Erhitzen eignen sich gesättigte Fettsäuren deutlich besser als ungesättigte. Unter gesättigte Fettsäuren fallen Butter, Kokosöl, Kokosfett oder Schmalz, die ungesättigten können Hanf- oder Leinöl sein. Beim Erhitzen werden ungesättigte Fettsäuren zerstört und es können Substanzen, die gesundheitsgefährdend sind (Nitrosamine) freigesetzt werden.

Milch und Milchprodukte

Milch und Milchprodukte enthalten wertvolles Eiweiß. Doch gerade im Erwachsenenalter sollten sie nur noch in Maßen verzehrt werden. Von Ernährungsexperten werden hier ein bis zwei Portionen am Tag empfohlen. Der übermäßige Verzehr kann sich ansonsten auch negativ auf den Körper auswirken.

Wenn es für Dich möglich ist, solltest Du auch zu laktosefreien Milchprodukten greifen, da hier die Laktose in Galaktose und Glukose gespalten ist und der Körper die Galaktose einfacher verstoffwechselt. Das sorgt dafür, dass der Darm geschont werden kann.

Eier

Eier sind wertvolle Eiweiß-Lieferanten und sollten regelmäßig auf dem Speiseplan stehen. Zusätzlich zu dem wertvollen Eiweiß enthalten qualitativ hochwertige Bio-Eier noch Vitamin B 12 und Eisen. Die Tagesmenge liegt bei maximal zwei Ei-Mahlzeiten.

Eier enthalten neben Cholesterin einen wertvollen Stoff namens Cholin. Dieser ist für die Gedächtnis- und Gehirnfunktionen von großer Bedeutung. Cholin gehört zu den Aminosäuren bzw. zu den Eiweißbausteinen und hilft dabei, den für das Gedächtnis wertvollen Botenstoff Acetylcholin zu bilden. Doch Cholin hat noch eine weitere Funktion, denn es wirkt einem Stoff entgegen, dem sogenannten Homocystein, der für das Herz und das Gehirn schädigend ist.

Fette und Öle

Fett macht nicht gleich fett. Wer allerdings zu fettreichen Nahrungsmitteln greift, kann sich hiermit leichter überessen als mit fettarmen. Hier sind gerade Nahrungsmittel gefährlich, in denen versteckte Fette lauern, wie zum Beispiel in Gebäck, Fertiggerichten oder Wurstwaren.

Fette sind für den Organismus aber von großer Bedeutung, da sie die fettlöslichen Vitamine D, E, A und K transportieren. Ohne Fett schafft es der Körper nicht, die Vitamine verwerten zu können. Für den Körper sind ebenfalls Pflanzenöle wertvoll, da sie essenzielle Fettsäuren liefern, die der Körper selbst nicht herstellen kann. Hier sind besonders Olivenöl, Leinöl, Walnuss-Öl oder auch Rapsöl geeignet. Walnuss- und Leinöl sollten allerdings nicht erhitzt werden. Wenn Sie zu gehärteten Fetten greifen, dann sollten sie hier anstatt Margarine lieber Butter verwenden. Butter ist ein natürliches Lebensmittel, das keine Zusatzstoffe enthält.

Verzichte bei Fetten auf gehärtete und gesättigte Fette, denn sie können für die Gesundheit schädlich sein.

Samen und Nüsse

Nüsse und Samen sind besonders für Vegetarier geeignet, da sie viel wertvolles Eiweiß besitzen. Sie sorgen für eine lange Sättigung und enthalten zudem noch wertvolle Inhaltsstoffe wie zum Beispiel Vitamin E und B.

Greife auch öfters zu Leinsamenschrot, dieser ist besonders reich an wertvollen Omega-3-Fettsäuren.

Getreide und Getreideprodukte

Diese Nahrungsmittel versorgen den Körper mit komplexen Kohlenhydraten. Dadurch, dass sie wertvolle Ballaststoffe enthalten, sorgen sie für ein langes und schnelles Sättigungsgefühl. Gerade, wenn Du zu Vollkornprodukten greifst, bleiben so viele wertvolle Nährstoffe wie möglich erhalten.

Verzichte lieber auf Weißmehl und Weißmehlprodukte. Diese enthalten kaum noch Mineralstoffe. Du kannst Dir hier ganz einfach merken: Solange das ganze Getreidekorn vermahlen wird, bleibt noch die Fülle an Nährstoffen erhalten! Dies ist beispielsweise wie oben erwähnt bei Vollkornprodukten der Fall.

Nudeln, Reis, Dinkel, Grünkern, Getreideflocken und Hirse gehören ebenfalls zum Getreide. Verzichten solltest Du hier auf Nudeln aus Weißmehl und aufpolierten Reis, da beides so gut wie keine Nährstoffe mehr enthält. Greife hier lieber zu Urgetreidesorten oder glutenfreien Getreideprodukten.

INFO – Welche Getreidemehle sind zuckerfrei?

Du solltest bei Mehl zu einer gesunden Alternative greifen. Hierbei eignen sich vor allem Mehlsorten, die den Insulinspiegel weniger beeinflussen. Die nachfolgende Auflistung zeigt Dir ein paar Sorten. Die Mehle enthalten aber zudem meist Gluten. Falls Du unter einer Zöliakie leidest, solltest Du Dich also informieren, zu welchem Mehl Du bedenkenlos greifen kannst.

Dinkel

Dinkel enthält Gluten und eignet sich genauso gut wie Weizenmehl zum Backen. Dinkel wird normal, aber besser vertragen als Weizengluten, da es eine andere Struktur aufweist.

Buchweizen

Auch wenn im Namen dieses Getreides das Wort Weizen steckt, so hat Buchweizen nichts mit Weizen zu tun. Diese Pflanze gehört zur Familie der Knöterich Gewächse und somit zu den Pseudogetreidesorten. Buchweizen hat einen leicht bitteren und sehr kräftigen Geschmack sowie eine etwas graue Farbe. Buchweizen wirkt positiv auf den Blutzuckerspiegel und sollte deswegen öfters verwendet werden.

Einkorn

Einkorn ist die Urform des heute verwendeten Weizens. Rein pflanzlich gesehen zählt Einkorn zu den Gräsern. Genau wie bei Emmer ist es eine der ältesten Getreidesorten. Ein wirklich positiver Vorteil von Einkorn ist, dass er wesentlich energieärmer ist als Weizen. Diese Getreidesorte enthält zudem wertvolle Aminosäuren und Mineralstoffe. Durch den hohen Gehalt an Betakarotin ist das Mehl etwas gelblich gefärbt. Einkorn eignet sich für Mehlspeisen und zum Backen.

Gemüse

Frisches Gemüse liefert Deinem Organismus wichtige Antioxidantien, Mineralstoffe und Enzyme. Egal in welcher Zubereitungsart Du Gemüse verzehrst, wichtig ist, dass es täglich auf Deinem Speiseplan vorkommt und Du reichlich davon isst. Gerade grünes Blattgemüse wie zum Beispiel Salat, Spinat, Grünkohl oder Mangold ist wunderbar geeignet, um wertvolle Omega-3-Fettsäuren aufzunehmen.

Achte bei Auswahl auf regionale und saisonale Produkte und im Idealfall aus biologischem Anbau.

Knollen- und Wurzelgemüse wie zum Beispiel Rote Bete, Möhren, Radieschen, Rettich oder Sellerie schmecken direkt vom Feld am besten. Du kannst diese aber natürlich auch auf Vorrat einkaufen und dann einige Zeit kühl lagern.

Wasserreiches Gemüse wie zum Beispiel Zucchini, Tomaten, Gurken oder Auberginen sind Sommergemüse. Diese schmecken besonders dann gut, wenn sie ausreichend Sonne getankt haben. Deiner Fantasie sind bei der Zubereitung keine Grenzen gesetzt und Du kannst das Gemüse grillen, kochen, schmoren, braten, füllen oder auch roh verzehren.

Bei Schotengemüse wie zum Beispiel Bohnen und Zuckerschoten solltest Du darauf achten, dass Du diese nicht roh verzehrst.

Bei Pilzen hast Du eine große Auswahl von Champignons, Pfifferlingen, Steinpilzen bis zu Shiitake-Pilzen. Gerade in der Pilzsaison schmecken frische Pilze besonders gut.

Knoblauch und Zwiebeln sorgen für Geschmack beim Essen. Zwiebeln gibt es in verschiedenen Variationen wie zum Beispiel weiß (mild), rot (fruchtig) oder auch braun (scharf). Du solltest Zwiebeln stets luftig, dunkel und trocken lagern.

Blattgemüse solltest Du bevorzugt immer frisch kaufen. Wenn Du Mangold oder Winterspinat verzehren möchtest, solltest Du die Stiele abschneiden. Beim Mangold kannst Du diese mit garen. Bei frischem Frühlingsspinat kannst Du die Stiele mitessen.

Frisches Kohlgemüse ist gerade in den Wintermonaten sehr beliebt. Wenn Du Rotkohl, Grünkohl oder Weißkohl bei der richtigen Temperatur zubereitest, duftet es herrlich und das Kohlgemüse wird butterweich. Viel Vitamin-C liefern Wirsing, Chinakohl und Spitzkohl. Dünste diese kurz an und serviere sie mit frischen Kräutern.

Hülsenfrüchte liefern wertvolle Kohlenhydrate, sorgen für ein langes Sättigungsgefühl und versorgen den Körper mit wertvollen Aminosäuren. Hierzu zählen Erbsen, Linsen, Mungo-Bohnen, Kichererbsen, Sojabohnen und weiße Bohnen. Wenn Du Hülsenfrüchte verzehrst, solltest Du auf ausreichend Flüssigkeitszufuhr achten.

Da sie reich an Ballaststoffen sind, benötigen sie reichlich Flüssigkeit, um richtig aufquellen zu können.

Kräuter und Gewürze

Frische Kräuter und Gewürze sollten bei keinem Gericht fehlen. Gerade frische Kräuter sind reich an Vitaminen, Antioxidantien und Mineralstoffen. Wenn Du Kräuter aufbewahren möchtest, dann kannst Du das entweder in einem feucht eingewickelten Küchentuch im Kühlschrank tun oder in einer Plastikdose.

Scharfe Gewürze wie Chilischoten, Currypulver, Cayennepfeffer, schwarzer Pfeffer aus der Mühle oder auch Paprikapulver haben eine antibakterielle Wirkung.

Obst

Obst ist reich an Ballaststoffen, Vitalstoffen und Spurenelementen. Durch ihre enthaltenen Pflanzenstoffe können sie helfen, das Immunsystem zu schützen. Einige Obstsorten enthalten sogar wenig Kalorien, da sie hauptsächlich aus Wasser bestehen.

Wenn Du Früchte verzehrst, solltest Du zu fruchtzucker- und glukosearmen Sorten wie Heidelbeeren, Gojii-Beeren, Himbeeren, Johannisbeeren oder Preiselbeeren greifen. Ebenfalls für den Körper wertvoll sind Aprikosen, Honigmelonen, Papayas, Grapefruits, Limetten und Kokoswasser.
Beim Einkauf von frischem Obst solltest Du auch hier auf regionale Produkte und saisonales Obst, bevorzugt in biologischer Qualität zurückgreifen.

Flüssigkeitszufuhr

Der Flüssigkeitsbedarf ist bei jedem Menschen verschieden und hängt von einigen Faktoren wie zum Beispiel Alter, Klima, Körpergewicht oder körperlicher Aktivität ab. Es wird aber grundsätzlich empfohlen pro Tag zwischen mindestens 1,5 und 2,0 Liter Flüssigkeit zu sich zu nehmen.

Hier solltest Du zu kalorienarmen Getränken wie zum Beispiel Wasser oder ungesüßtem Kräuter- und Früchtetee greifen. Fruchtsaftschorlen oder Gemüsesaftschorlen sollten nur stark verdünnt getrunken werden.

Besonders geeignet ist grüner Tee, da dieser wertvolle sekundäre Pflanzenstoffe enthält und durch die enthaltenen Bitterstoffe für ein Sättigungsgefühl sorgt.

Deine gesunde zuckerfreie Superfood-Ernährung im Alltag

Unter die sogenannten Superfoods werden Nahrungsmittel zusammengefasst, die einen besonders hohen Nähr- und Vitalstoffgehalt haben. Sie sind gesund und zudem äußerst geschmackvoll. Diese Lebensmittel bringen ordentlich Abwechslung auf dem Tisch und versorgen den Organismus mit allem was er für eine bessere Leistungsfähigkeit und Gesundheit braucht. Bereits kleinste Mengen dieser Nahrungsmittel reichen aus, um den Tagesbedarf an Mikronährstoffen – also an Mineralstoffen, Vitaminen, Antioxidantien und Spurenelementen – zu decken.

Ein solches Superfood ist zum Beispiel **Kakao**.
Besonders wertvoll ist hier jedoch die Rohkostqualität, denn Kakao enthält ein breitgefächertes Spektrum an wertvollen inhaltlichen Bestandteilen. So punktet Kakao mit einem hohen Gehalt an Antioxidantien, Flavonoiden, Polyphenolen sowie Magnesium, Kalzium und vielen Ballaststoffen. Des Weiteren unterstützt auch Kakao die Ausschüttung von Glückshormonen wie Serotonin und Dopamin. Rohkakao wird als ganze Bohne oder als Kakaopulver zum Kauf angeboten.

Auch **Kokosöl** fällt unter die Kategorie Superfood.
Kokosöl enthält zwar einen hohen Anteil an gesättigten Fettsäuren, dennoch ist es sehr gesund und gehört zur Kategorie „Superfood". Enthalten sind darin 45 % Laurinsäure, die ein ausgezeichneter natürlicher Cholesterinsenker ist. Gleichzeitig wird das gute HDL-Cholesterin im Körper erhöht.

Ebenso gehören **Flohsamenschalen** zu den effektivsten Superfoods. Sie schmecken neutral und quellen äußerst gut im Magen sowie im Darm. Flohsamenschalen kannst Du sehr vielseitig einsetzen und sie unterstützen nicht nur Deine Darmgesundheit, sondern auch das Abnehmen.
Flohsamenschalen stehen auf einer Ebene mit anderen nährstoffreichen Superfoods wie zum Beispiel Chiasamen, Goji-Beeren, Acai-Beeren oder Leinsamen.

Diese Nahrungsmittel sind echte Ballaststoffbomben und das ist sehr wichtig für die Gesunderhaltung des Körpers. Die Deutsche Gesellschaft für

Ernährung rät pro Tag mindestens 30 Gramm Ballaststoffe zu essen und das ist über die täglichen Mahlzeiten oftmals gar nicht so einfach umsetzbar. Flohsamenschalen haben einen besonders hohen Ballaststoffgehalt. In diesem Zusammenhang ist es aber dringend erforderlich, genug zu trinken, denn nur so können die Ballaststoffe im Darm auch quellen.

Indem Flohsamenschalen als natürlicher Helfer den Darm reinigen, haben sie auch eine Detox-Funktion. Der Darm wird aktiver und kann somit den Körper von diversen Toxinen und Schadstoffen befreien.

Diese Ballaststoffe helfen gleichzeitig dabei, Kohlenhydrate nur langsam und schrittweise zu verdauen: Dadurch können Heißhungerattacken wirksam vermieden werden. Somit sind Flohsamenschalen auch ein ausgezeichneter Diät-Helfer.

Kürbis gehört ebenso zu den heimischen Superfoods: Das Gemüse hat kaum Kalorien dafür aber jede Menge wertvoller Vitamine und Mineralstoffe. Kürbisse sorgen für ein leistungsstarkes Immunsystem, strahlend schöne Haut und ein starkes Nervensystem.

Die Acai-Beere ist ebenfalls ein ausgezeichnetes Superfood, doch es gibt auch eine heimische Variante, nämlich die **Heidelbeere**. Diese Frucht enthält reichlich Vitamin-C sowie viele wertvolle Mineralstoffe und B-Vitamine. Der dunkele Pflanzenfarbstoff – Anthocyane – enthält viele kostbare Antioxidantien, die Heidelbeeren zu echten Powerfoods machen. Dieser Pflanzenfarbstoff steckt beispielsweise auch in Rotkohl oder in Brombeeren.

Auch **Hirse** gehört zu diesen Kraftpaketen der Natur: Hirse ist glutenfrei und enthält neben vielen wertvollen Nährstoffen wie etwa Eisen, Vitamin B6, Kalium, Phosphor und Fluor auch reichlich Silizium. Des Weiteren hat Hirse nahezu einen genauso hohen Proteinanteil wie Quinoa.

SOS-Tipps gegen die Zuckerlust

Ganz egal, ob Schokolade, Kuchen, Pudding, Eiscreme oder Pralinen – manchmal ist der Heißhunger auf Süßes so groß, dass Widerstand zwecklos erscheint. Wenn Dir das oft passiert, können Dir hoffentlich die folgenden SOS-Tipps weiterhelfen.

Ablenken statt nachgeben
Viele Menschen greifen zu süßen Leckereien, wenn sie sich langweilen. Den Effekt gibt's auch zuckerfrei: Überlege Dir, was Du gerne tust, was Dich aufheitert, ablenkt und auf neue Gedanken bringt. Sieh Dir ein witziges Video an oder höre Deine Lieblingsmusik. Knabbere eine Mandel oder trinke eine Tasse Tee oder Espresso. Wärme vermittelt nämlich immer gute Gefühle.

Bitter gegen süß
Besorge Dir in der Apotheke Bittertropfen-Konzentrat. Das zügelt den Appetit und bremst den Heißhunger auf Süßes. Angenehmer Nebeneffekt: Bitterstoffe sind sehr gesund, wirken verdauungsfördernd und eignen sich auch für die Behandlung von Magen-Darm-Beschwerden. Am besten nimmst Du sie ein, sobald sich eine Heißhungerattacke ankündigt: einfach fünf bis zehn Tropfen auf den Handrücken geben und daran schlecken.

Ersatz aus dem Gewürzregal
Gewürze wie Chili, Kardamom, Koriander, Nelke, Vanille und Zimt verringern die Gefahr, dass der Blutzuckerspiegel Achterbahn fährt und der Körper mit Heißhungerattacken auf sich aufmerksam macht.

Kaugummi mit Pfefferminzgeschmack
Mal schnell ein Törtchen zum Trost einschieben, gedankenverloren den Schokoriegel vertilgen, um Stress abzubauen, oder die Bonbontüte plündern, weil sie gerade geöffnet ist? Damit Dir das nicht passiert, hilft zuckerfreier Kaugummi mit starkem Pfefferminzgeschmack. Das Kauen ist eine ablenkende Tätigkeit und der Pfefferminzgeschmack bremst den Appetit.

Ein Glas Wasser trinken

Hunger auf Süßes kann auch eine Fehlinterpretation des eigenen Befindens sein. Wenn man sich unwohl fühlt, weil man leicht dehydriert ist und eigentlich etwas trinken müsste, greift man stattdessen zu Naschereien. Trinke ein Glas Wasser, wenn Du Appetit verspürst, aber nicht wirklich hungrig bist. Nach ein paar Minuten ist der Heißhunger vielleicht verflogen.

Nur riechen, nicht anfassen

Schnuppern gegen süße Sinnlos-Snacks: Riech an einem Fläschchen mit Vanillearoma oder zünde Vanillekerzen beziehungsweise Räucherstäbchen an. Der angenehme Duft sorgt dafür, dass das Glückshormon Serotonin ausgeschüttet wird. Garantiert ohne Kalorien!

Zähneputzen!

Nach dem Abendessen noch ein bisschen naschen, weil es vor dem Fernseher so gemütlich ist? Das ist eine Angewohnheit, die man sich wieder abgewöhnen kann. Es fällt leichter, wenn Du nach dem Abendessen schon die Zähne putzt. So überlegst Du garantiert länger, ob Du noch einmal zuckerreiche Nahrungsmittel an die Zähne lassen möchtest. Schließlich müsstest Du dann noch mal putzen.

Der Trick hilft übrigens auch, wenn es so lecker schmeckt, dass man nur schwer wieder aufhören kann: Der frische Atem nach dem Zähneputzen unterbricht das Geschmackserlebnis.

Belohne Dich nach dem Zuckerentzug

Durchhalten lohnt sich: Wenn Du es gewohnt bist, viel Zucker zu essen, dann reagierst Du möglicherweise auf den Zuckerverzicht mit Entzugserscheinungen. Das kann sich in Form von Kopfschmerzen, schlechter Laune, Schlafstörungen oder dem Gefühl von Antriebslosigkeit bemerkbar machen. Auch Heißhungerattacken sind häufig die Folge. Der Grund dafür: Der Blutzuckerspiegel fällt plötzlich ungewohnt ab, beziehungsweise ist deutlich und konstant niedriger als bisher. Das ist eigentlich gesund, nur dauert es einige Zeit, bis sich der Blutzucker wieder auf ein normales Maß eingependelt hat.

Am Anfang klingt es vielleicht etwas hart, doch es zahlt sich mit Sicherheit für Deine Gesundheit und Deinem Wohlbefinden aus: Stelle Dich dem Entzug! Doch denke daran, dass es relativ leicht werden kann, wenn die Phase der Umstellung erst einmal überwunden ist. Hat der Körper sich erst daran gewöhnt, dass es keine regelmäßigen größeren Zuckermengen mehr gibt, lässt auch das unverhältnismäßig starke Verlangen nach. Der Verzicht ist dann gar nicht mehr so schwer. Viele berichten sogar, dass sie nach der Umstellung kaum noch Lust auf Süßes haben. Wenn Du Zuckerhaltiges nicht sofort aus Deinem Leben verbannen möchtest, gehe lieber schrittweise vor. Überlege, worauf Du am leichtesten verzichten kannst, und fange dann genau damit an.

Bye, bye Zucker – natürliche & künstliche Zuckeralternativen

Lass uns zunächst einmal die künstlichen Zuckeralternativen betrachten. Wäre es nicht praktisch, wenn man Süßes essen könnte, ohne schädlichen Zucker zu sich zu nehmen? Künstliche Süße wirkt da wie die perfekte Lösung: Sie schmeckt verführerisch, hat wenig oder gar keine Kalorien und verspricht Genuss ohne Reue. Insgesamt 19 Süßungsmittel sind derzeit in der EU zugelassen, acht Zuckeraustauschstoffe und elf Süßstoffe.

Süßstoffe sind praktisch kalorienfrei und schmecken deutlich süßer als herkömmlicher Haushaltszucker, haben aber meistens einen unangenehmen Beigeschmack.

Zuckeraustauschstoffe gleichen Haushaltszucker in der Struktur, enthalten immer noch Kalorien (wenn auch deutlich weniger) und besitzen eine geringere Süßkraft. Wie gesund diese Zuckeraustauschstoffe sind, ist umstritten. Das Bundesinstitut für Risikobewertung (BfR) verweist darauf, dass der Verzehr unbedenklich sei, sofern die angegebenen Höchstmengen nicht überschritten werden. Vor allem schwangeren Frauen wird jedoch von einem übermäßigen Verzehr abgeraten. Über die Langzeitwirkung von Süßstoffen weiß man allerdings bisher noch viel zu wenig.

Künstlicher Zuckerersatz

Birkenzucker

Dieser Zuckerersatz wird auch als Xylitol oder Xylit bezeichnet. In Zutatenlisten wird dieser Zuckeraustauschstoff unter dem Kürzel E967 geführt. Birkenzucker wird in einem mehrstufigen chemischen Extraktionsprozess aus Holz und Rinde von Harthölzern oder aus Maiskolben hergestellt. Er ist in Pulverform erhältlich. Xylit liefert 40 Prozent weniger Kalorien als normaler Haushaltszucker, die enthaltenen Kohlenhydrate werden vom Körper nicht aufgenommen – der Stoff wirkt sich somit kaum auf den Blutzuckerspiegel aus. In großen Mengen kann er aber abführend wirken.

Erythrit

Dieser Stoff gehört ebenso wie Xylitol zu den Zuckeraustauschstoffen und ist ebenfalls ein Zuckeralkohol – der Einzige im Übrigen, der kalorienfrei ist. Es handelt sich um ein weißes, kristallines Pulver, das nicht nur ähnlich aussieht wie Zucker, sondern auch ganz ähnlich schmeckt. Auf der Zunge ist ein leicht kühlender Effekt zu spüren.

Stevia

Steviaglycosid – auch Süßkraut genannt, stammt aus den Blättern der Pflanze Stevia. Die Blätter sind etwa 30-mal süßer als herkömmlicher Zucker und haben einen leicht bitteren Nachgeschmack. Der daraus gewonnene kalorienfreie Süßstoff ist bis zu 300-mal süßer als Zucker.

Überblick – die in der EU zugelassenen Zuckeraustauschstoffe und Süßstoffe

Zuckeraustauschstoffe	Süßstoffe
Mannit	Aspartam
Sorbit	Acesulfam
Isomalt	Cyclamat
maltit	Steviogylcoside
xylit	Sucralose
Erythrit	Saccharin
Lactit	Neotam
Polyglycitol-Sirup	Advantam
	Thaumatin
	Neohesperidin
	Aspartam-Acesulfamsalz

Welche Nachteile hat Zuckerersatz?

- Durch Zuckerersatz entsteht das Gefühl, viele Kalorien eingespart zu haben. Infolgedessen neigt man dazu, das mit Essen wieder zu kompensieren, so nach dem Motto: Hier darf ich mir nun in Ruhe etwas gönnen. Doch das ist falsch, denn so wird die erlaubte Energiebilanz sehr leicht überschritten.
- Viele chemisch hergestellte Süßstoffe können wichtige körperinterne Prozesse beeinträchtigen. Der Organismus hat gelernt, den süßen Geschmack mit einem Anstieg des Blutzuckerspiegels sowie mit einer Kalorienzufuhr zu verbinden. Bleibt diese Zuckerzufuhr jedoch aus, kann es zum Beispiel zu Störungen des Hormonstoffwechsels kommen, denn ohne einen hohen Blutzuckerwert muss auch kein Insulin ausgeschüttet werden. Die Folge sind unerwünschte Heißhungerattacken.
- Der sehr intensive Süßgeschmack kann langfristig den Geschmackssinn stumpf werden lassen und die Lust auf Süßes steigt immer mehr! Das kann schließlich zum Verzehr von noch mehr zuckerreichen Lebensmitteln führen.

Zuckerreiche Nahrung beeinträchtigt also das körpereigene Süßempfinden. Alle künstlichen Süßungsmittel haben eine Wirkung auf die Geschmacksrezeptoren der Zunge und rufen bestimmte neuronale Schaltungen im Gehirn hervor. Auf diese Weise können auch diese Zuckerersatzstoffe die „Zuckersucht" erhalten.

Versuche daher grundsätzlich weniger süß zu essen und schraube sowohl den Zucker- als auch den Konsum von Süßungsmitteln deutlich nach unten. Gewöhne Deine Geschmacksknospen nach und nach an eine natürliche, feine Süße.

Auf diesem Weg kann Dir jedoch der moderate Gebrauch von Zuckeraustauschstoffen oder Süßstoffen behilflich sein, jedoch gilt hier: Weniger ist oft mehr!

Natürliche Zuckeralternativen

Du kannst hin und wieder auch mal etwas Süßes genießen, ohne ungesunden Haushaltszucker. Dafür kannst Du auf die Süße aus natürlichen Quellen wie Honig oder Früchten setzen.

Honig

Honig ist ein Naturprodukt, doch was die Kalorien anbelangt, steht Honig normalem Zucker in absolut nichts nach. Der Blutzuckerspiegel steigt nach dem Verzehr genauso an wie nach Zucker!

Doch Honig hat eine stärkere Süßkraft, sodass Sie davon mengenmäßig weniger brauchen als von Zucker. Zudem kann der Eigengeschmack einen zu hohen Verzehr verhindern. Ebenso enthält Honig wertvolle Antioxidantien, B-Vitamine, Vitamin-C, Eisen, Kalium, Kalzium und Magnesium. Allerdings wirken diese kostbaren Inhaltsstoffe nur, solange der Honig nicht erhitzt wird.

<u>Säuglinge unter einem Jahr dürfen noch keinen Honig essen!</u>

Apfeldicksaft und Birnendicksaft

Unter dem Dicksaft aus Früchten – egal ob aus Birnen oder Äpfeln – versteht man den sehr hoch konzentrierten, eingedickten Fruchtsaft. Es handelt sich also um ein natürliches Produkt, das weniger stark als Haushaltszucker süßt und einen gewissen Eigengeschmack aufweist. Einziger Nachteil: Jedes Obst enthält mehr oder weniger Fruktose und ein hoher Fruchtzuckerkonsum ist ebenso nicht gesundheitsfördernd.

Dattelsirup

Hierbei handelt es sich um einen rotbraunen Sirup, der aus eingekochten Datteln hergestellt wird. Dattelsirup hat eine deutlich intensivere Süßkraft als Zucker, weshalb er sparsam eingesetzt werden sollte. Dieser Sirup schmeckt fruchtig-süß und passt somit nicht nur zu süßen Speisen, sondern perfekt auch zu herzhaften Gerichten.

Dattelsirup ist sehr mineralstoffreich und soll antibakterielle Eigenschaften haben: Somit ist er nicht nur eine sehr leckere Süßungsalternative, sondern auch eine sehr gesunde.

Zuckerrübensirup

Der auch als Rübenkraut bekannte Sirup ist im Vergleich zum Ahornsirup dunkler und zähflüssiger, bleibt aber bei Zimmertemperatur noch streichzart. Er eignet sich als Brotaufstrich oder als Zuckerersatz beim Kochen und Backen, wegen seines herbsüßen Geschmacks kann man ihn außerdem als Würze für Salatsaucen verwenden. Neuerdings findet man auch (schwarze) Melasse – in cremiger oder bröseliger Form – in den Regalen des Lebensmittelhandels. Dieser Abfallstoff der Zuckerherstellung ist nicht so süß wie das weiße Endprodukt und schmeckt deutlich herber.

Kokosblütenzucker

Hierbei handelt es sich um einen krümeligen, braunen Zucker, der aus den Blüten der Kokospalme extrahiert wird. Kokosblütenzucker ist unraffiniert und enthält daher sehr viele Aminosäuren, Antioxidantien, Mineralien und Vitamine im Vergleich zu normalem Haushaltszucker. Zudem steckt in Kokosblütenzucker reichlich Inulin, ein sehr wertvoller Ballaststoff. Diese Zuckeralternative hat ein wunderbares Kaffee-Karamell-Aroma, aber eine etwas geringere Süßkraft als normaler Zucker.

Reissirup

Mithilfe von natürlichen Reis-Enzymen wird dieser Sirup hergestellt, der viele sogenannte darmfreundliche Oligosaccharide, also Mehrfachzucker enthält und zudem viele Mineralien und Proteine. Reissirup ist vollkommen fruchtzuckerfrei und enthält auch kein Gluten. Diese Zuckeralternative hat ein sehr mildes Aroma und eine Süßkraft, die nur in etwa halb so stark ist wie die von normalem Zucker.

Ahornsirup

Dieser Saft wird aus dem Ahornbaum extrahiert, gefiltert und eingekocht. Er hat einen intensiv-kräftigen, karamellartigen Geschmack und süßt nicht nur Waffeln, Pfannkuchen oder andere süße Speisen, sondern kann auch ideal zum Backen verwendet werden.

Je heller der Ahornsirup ist, desto wertvoller ist er. Ahornsirup hat einen glykämischen Index von etwa 55 und liegt somit ein wenig unter dem normalen Haushaltszucker, doch er hat eine stärkere Süßkraft als dieser. Ahornsirup liefert zahlreiche wertvolle Mineralstoffe wie zum Beispiel Magnesium, Kalium oder Eisen, hat aber auch einen ziemlich hohen Fruchtzuckergehalt, weshalb er vor allem von Menschen mit einer Intoleranz oft auch gar nicht vertragen wird.

Trockenfrüchte

Bei Trockenobst handelt es sich um Früchte, denen durch Dörren die Feuchtigkeit entzogen wurde, bis auf einen Rest von etwa 20 Prozent. Trockenobst hat einen sehr hochkonzentrierten Fruchtzuckergehalt und sollte daher auch beim Backen in nicht zu großen Mengen verwendet werden. Dennoch sind Trockenfrüchte sehr gesund, denn sie enthalten neben wertvollen Mineralien und Vitaminen auch jede Menge wichtige Ballaststoffe: Diese halten lange satt und fördern zudem die körpereigenen Verdauungsprozesse.

Lies bitte genau die Zutaten, wenn Du Trockenfrüchte kaufst, denn in nicht wenigen Fällen wird dem getrockneten Obst auch noch zusätzlich Haushaltszucker zugesetzt. Das ist zum Beispiel bei Cranberrys der Fall, da sie ansonsten unter Umständen zu bitter wären. Solche Früchte sollten aber im Idealfall lediglich mit anderen Fruchtsäften wie zum Beispiel Apfel- oder Ananassaft gesüßt werden. Zudem empfehle ich Dir zu nicht geschwefelten Trockenfrüchten zu greifen, denn in diesen steckt noch die ganze Fülle an Vitaminen.

Kinder zuckerfrei ernähren – gesund & glücklich durch den Tag

Es geht nicht darum, von einem Tag auf den anderen vollständig den Zucker aus seinem Leben zu verbannen. Vielmehr ist das Ziel eine zuckerbewusste Ernährungsweise sowie das Bewusstsein, wo im Alltag die unterschiedlichen Zuckerfallen lauern.

Insbesondere für Kinder ist eine stabile Ernährungserziehung von großer Bedeutung: Strenge Zuckerverbote führen zu nichts, sondern bewirken das Gegenteil und sind damit noch kontraproduktiver für das kindliche Essverhalten. Zucker und süße Lebensmittel werden so nur noch attraktiver für die Kleinen.

Frühstück, Mittag und Abend – wichtig ist vor allem der Geschmack!

Zucker ist ein fester Begleiter im Alltag, daher ist es sehr wichtig, dass Kinder bereits sehr früh einen gemäßigten Umgang damit erlernen können. Ebenso wie es eine Medienerziehung gibt, muss es eben auch eine Ernährungs- und Zuckererziehung geben. Je früher das Kind die Grundlagen erlernt, desto selbstverständlicher wird der gesunde Umgang mit Zucker im Alltag. Hier sollten Eltern ihre Kinder schon sehr früh in die richtige Richtung lenken und auf diese Weise die richtigen Weichen stellen.

Gesund und vital in den Tag starten

Ein ausgewogenes Frühstück ist immer die beste Grundlage für einen energiegeladenen und nährstoffreichen Start in den Tag. Am besten trinken Kinder im Rahmen der Frühstücksmahlzeit ein Glas Milch, Wasser oder ungesüßte Teesorten.

Selbstgemachte Müsli-Mischungen, Haferflocken-Porridge, Samen, Nüsse oder Vollkornbrot sind ideale Nahrungsmittel für den Frühstückstisch. Auch Milch und Milchprodukte wie zum Beispiel Joghurt oder Quark sollten im Rahmen der Frühstücksmahlzeit gereicht werden, denn sie sind eine sehr wertvolle Eiweißquelle. Ein weiterer Bestandteil einer gesunden Mahlzeit sind frische Früchte, denn diese versorgen den Körper mit essenziellen Vitaminen, Ballast- und Vitalstoffen.

Wer es dann doch ein wenig süßer mag, kann Trockenfrüchte wie zum Beispiel getrocknete Pflaumen, Feigen oder Datteln essen. In einem solchen Frühstück steckt überhaupt kein zugesetzter Zucker! Wenn das Kind es dann doch etwas süßer haben möchte, sind natürliche Zuckeralternativen wie zum Beispiel Honig mit Sicherheit eine sehr gute Wahl.

Sollte das Kind ein Fan von Marmeladen- und Schokoladenaufstrichen sein, können diese durch selbst verfeinerten Quark oder durch ein Nuss-Mus ersetzt werden. Der Blutzucker steigt nicht so rasant an und das Kind bleibt länger satt.

Auch frische Kirschtomaten, Gurken und Eier sind eine ausgezeichnete Frühstücksidee. Letztere können in jeglicher Form zubereiten werden: Als Rührei, Omelett oder Spiegelei, dieses Nahrungsmittel ist immer eine hervorragende Proteinquelle.

Die richtigen Snacks für Pause & Auszeiten

Kinder brauchen selbstverständlich auch gesunde Pausen-Snacks. Diese sollten nährstoffreich und geschmackvoll zugleich sein. Der Pausen-Snack muss zudem nicht immer ein Brot sein! Auch ein Joghurt in einem To-Go-Glas mit einer Handvoll selbstgemachtem Müsli ist eine ausgezeichnete Wahl. In einer kleinen Pausen-Box kann das Kind auch eine Handvoll Nüsse, getrocknetes Obst oder Rohkost mitnehmen. Auch ein Wrap mit ein wenig Gemüse kann in die Brotzeitdose gegeben werden. Manche Kinder mögen gekochte Eier mit einer Handvoll Rohkost-Gemüse oder einen zuckerarmen Milchreis.

Zuckerfreies Mittagessen – Energie für die zweite Tageshälfte

Damit die Mittagsmahlzeit nicht zu einer großen Zuckerfalle wird, sollte sie auf keinen Fall aus Fertiggerichten bestehen. Im Idealfall sollte Zuhause frisch gekocht werden, denn auf diese Weise hat man die volle Kontrolle über die verwendeten Zutaten – vor allem über die Menge an Zucker, die in das entsprechende Gericht wandert.

Ebenfalls zu einer gesunden Kinderernährung gehört ein passender Nachmittagssnack. Wenn sich der kleine Hunger zwischendurch meldet, ist frisches Obst oder Rohkostgemüse mit Sicherheit eine hervorragende Snack-Wahl. Auch ein kleines Vollkornbrot mit Quark, ein kleiner zuckerfreier Joghurt, eine Handvoll Nüsse oder ein zuckerfreier Müsli-Riegel eignen sich bestens. Früchte oder rohes Gemüse können zum Beispiel auch mit einem Hummus-Dip oder mit einer Avocado-Creme serviert werden.

Den Tag kulinarisch gesund abschließen

Das Abendessen sieht in jeder Familie anders aus: Einige bevorzugen am Abend die warme Küche, denn schließlich kommt hier die ganze Familie gemütlich zusammen. Andere mögen lieber belegte Brote, Käse oder frische Salate. Vollkornprodukte, Gemüse und Salate sind mit Sicherheit ein essenzieller Bestandteil eines gesunden Abendessens, denn das sind sehr kalorienarme Sattmacher, die jedoch mit der ganzen Fülle an wertvollen Nährstoffen punkten.

Wenn nicht schon wieder Rohkost auf den Tisch kommen soll, kann auch eine Gemüsepfanne oder ein Ofen-Gratin zubereitet werden.

In den Abendstunden sollten süße Gerichte auf keinen Fall mehr auf den Tisch kommen, denn sobald Zucker in den Blutkreislauf gelangt, kommt es zu einer erneuten Energiefreisetzung! Das ist insbesondere kurz vor dem Schlafengehen sehr ungünstig und unproduktiv, denn schließlich sollen sich Kinder ordentlich ausruhen können, damit sie am nächsten Tag wieder voller Energie spielen, lernen und lachen können.

Eine stark zuckerreiche Ernährungsweise – vor allem abends – führt zu einer verminderten Schlafqualität und zu einer Übermüdung der Kinder.

Die gesunde Kinderernährung im Überblick

Doch was ist nun für eine gesunde und vor allem ausgewogene Kinderernährung zu beachten? Wie sollten die Kleinen optimal versorgt werden, um sich gesund entwickeln zu können?

Nun, das ist im Grunde ganz einfach:

- ✓ **Richtig trinken**
  Zu einer zuckerfreien und gesunden Kinderernährung gehört nicht nur das richtige Essverhalten, sondern auch das richtige Trinkverhalten. Beim Trinken ist es besonders wichtig, die Zuckermenge so gering wie nur möglich zu halten, denn süße Getränke sind in vielfacher Hinsicht sehr ungünstig. Sie liefern hauptsächlich „leere Kalorien", keinerlei

Nährstoffe und sorgen zudem auch nicht für eine langanhaltende Sättigung.

Rasch ist eine zuckerreiche Limo ausgetrunken, doch in lediglich 200 Millilitern verstecken sich schon bis zu 2,5 Teelöffel purer Zucker! Getränke mit Zuckerersatzstoffen verwirren den kindlichen Geschmackssinn und geben dem kleinen Körper gar nicht die Möglichkeit, sich den süßen Geschmack abzugewöhnen.

Nicht jedes Kind ist ein Fan von purem Wasser, doch hier kann dann zu ungesüßten Teesorten gegriffen werden. Sehr lecker ist auch Wasser, das mit Limettenscheiben, Zitronenscheiben oder frischen Pfefferminzblättern verfeinert wird. Auch sehr stark verdünnte Schorlen können hin und wieder getrunken werden.

✓ **Richtig essen**

Kinder haben grundsätzlich einen kleineren Energiespeicher, deshalb sollten fünf ausgewogene Mahlzeiten pro Tag sichergestellt werden, um die Kleinen ideal mit Nähr- und Vitalstoffen zu versorgen. Nur auf diese Weise haben sie ausreichend Power, um zu spielen, zu lernen, die Welt zu entdecken und zu wachsen. Ein gesundes und energiereiches Frühstück spielt hierbei eine besonders große Rolle!

Fertiggerichte sollten grundsätzlich vermieden werden, denn in diesen stecken häufig versteckte Zucker und unnötige leere Kalorien. Des Weiteren sind Fertigprodukte voll von ungesunden Konservierungsstoffen, Aromen und Geschmacksverstärkern.

✓ **Früchte und Gemüse**

Gemüse und Obst sind ideale Vitaminspender und zudem reich an wertvollen sekundären Pflanzenstoffen und Mineralstoffen. Idealerweise sollten fünf Portionen täglich verzehrt werden, wovon drei Portionen Hülsenfrüchte oder Gemüse sein sollten und zwei Portionen frisches Obst.

- ✓ **Mineralstoffe und Vitamine**

  Eine gesunde und ausgewogene Mischkost liefert Kindern alle essenziellen Mikronährstoffe, die sie für ein gesundes Wachstum brauchen.

  Nahrungsergänzungsmittel müssen hier nicht zum Einsatz kommen!

- ✓ **Fisch**

  Mindestens einmal pro Woche sollte eine Fischmahlzeit gegessen werden, denn Fisch ist nicht nur eine sehr wertvolle Jod-Quelle, sondern auch ein essenziell wichtiger Lieferant für hochwertige Omega-3-Fettsäuren. Besonders fettreiche Seefische wie zum Beispiel Lachs, Hering, Thunfisch oder Makrele, aber auch Kaltwasserfische wie etwa Forelle sind sehr wertvolle Nahrungsmittel.

- ✓ **Milch und Milchprodukte**

  Milchprodukte sind essenzielle Kalziumlieferanten und von großer Bedeutung für die Gesundheit der Knochen und der Zähne. Im Idealfall sollten pro Tag zwei Portionen an „weißen“ Milchprodukten wie Joghurt oder Quark gegessen werden und eine Portion an „gelben“ Milchprodukten wie zum Beispiel Käse.

- ✓ **Fleisch**

  Auch Fleisch ist ein unverzichtbarer Bestandteil einer gesunden und ausgewogenen Kinderernährung, doch mehr als zwei bis maximal drei Mal pro Woche sollte Fleisch nicht auf dem Speiseplan stehen, ansonsten werden zu viele tierische Fette zugeführt, was von Ernährungsexperten als eher ungesund eingestuft wird. Statt Wurstwaren sollten lieber fettarme Fleischprodukte wie zum Beispiel unverarbeiteter Schinken verzehrt werden.

✓ **Salz**

Auch der tägliche Salzkonsum ist in Maßen zu halten, denn dieses steckt auch reichlich in industriell verarbeiteten Nahrungsmitteln wie Wurst oder Fertigprodukten. Die Weltgesundheitsorganisation gibt hier klare Verzehrempfehlungen:

- *Kinder unter einem Jahr sollten maximal 1 Gramm Salz täglich aufnehmen.*
- *Kinder zwischen einem und drei Jahren sollten pro Tag höchstens 2 Gramm Salz essen.*
- *Kinder zwischen vier und sechs Jahren sollten täglich maximal 3 Gramm Salz essen.*
- *Kinder zwischen sieben und zehn Jahren sollten maximal 5 Gramm Salz täglich aufnehmen.*
- *Kindern ab dem elften Lebensjahr sowie Erwachsene sollten höchstens 6 Gramm Salz pro Tag aufnehmen.*

Praxiswissen To-Go – konkrete Hilfestellung für Eltern im Alltag

Manche Eltern setzen strenge Verbote und vertreten die „keine Süßigkeiten"-Philosophie. Anderen Müttern und Vätern ist es wiederum egal, wie viele Süßigkeiten der Nachwuchs täglich vernascht. Das sind zwei sehr extreme Haltungen und im Grunde ist keine der beiden wirklich empfehlenswert! Es geht vielmehr darum, die goldene Mitte zu finden, denn die eine Einstellung fördert nur den Reiz und das Verlangen nach Süßwaren und die andere überlässt das Kind seinen eigenen Entscheidungen, zu denen es in einem bestimmten Lebensalter einfach noch nicht fähig ist. Kinder brauchen Freiräume, in denen sie sich frei bewegen können, doch sie brauchen ebenso klare Grenzen!

Mit Sicherheit testen die Kleinen die gesetzten Grenzen immer wieder aus, doch letzten Endes geben genau diese Grenzen Sicherheit, Stabilität und Halt – und das gilt nicht nur für den Bereich der Ernährung, sondern auch für viele sonstige Erziehungsgebiete.

Kinder brauchen Klarheit!

Eltern sollten sich untereinander immer einig sein, vor allem auch was das Thema „Zucker und Süßigkeiten" anbelangt.

- Wie viele Süßwaren sind täglich und wöchentlich erlaubt?
- Gibt es süße Dinge als Dessert nach dem Mittagessen oder als Nachmittagssnack?
- Gibt es Ausnahmen für den Genuss von Süßwaren wie zum Beispiel Feiertage oder der Besuch der Großeltern?
- Gibt es Süßigkeiten nur auf Nachfrage oder sind diese für das Kind leicht erreichbar in einer Schublade oder Süßigkeiten-Dose?
- Was gehört überhaupt zu den Süßwaren? Nur Schokolade, Gummibärchen, Kuchen und Kekse oder auch Frucht- und Müsliriegel?

Vor allem der letzte Punkt ist bedeutend und bedarf einer umfassenden Klärung. Zu den Süßigkeiten gehören selbstverständlich auch andere Nahrungsmittel wie zum Beispiel süße Desserts, Schokoladenpudding, mit Schokolade überzogene Reiswaffeln oder Eis.

Eltern haben eine große Vorbildfunktion!

Es gibt unterschiedliche Möglichkeiten, um dem Kind einen bewussten Umgang mit Zucker und mit Süßigkeiten anzuerziehen.
Der erste wichtige Schritt ist hier aber, dass Mütter und Väter immer mehr lernen, sich selbst zu hinterfragen:

- Welche Rolle spielen Süßigkeiten denn überhaupt im eigenen Leben?
- Werden Kekse, Schokolade und Kuchen regelmäßig verzehrt oder sind das eher die seltenen Genüsse?

Die eigenen Einstellungen, Ansichten und auch Rituale spielen in diesem Zusammenhang also eine wesentliche Rolle.

Im Überblick – hilfreiche Tipps für den richtigen Umgang mit Süßigkeiten:

- ✓ Süße Aufstriche und Marmeladen sollten nur zum Frühstück aufs Brot kommen dürfen.
- ✓ Süße Desserts sollten nur als Nachspeise nach dem Essen genossen werden, aber niemals kurz vor den Hauptmahlzeiten.
- ✓ Zuckerreiche Getränke sollten vom Ernährungsplan vollständig entfernt werden.
- ✓ Süßigkeiten, die das Kind geschenkt bekommen hat, kommen in eine private Süßigkeiten-Dose. Pro Tag darf sich das Kind im Idealfall nur ein Stückchen bzw. ein Teilchen davon aussuchen. Wenn es doch mal mehr sein soll, können feste „Süßigkeiten-Tage“ festgelegt werden, zum Beispiel Dienstag, Mittwoch und Sonntag.
- ✓ Ältere Kinder können auch eine Süßigkeiten-Ration für eine halbe oder sogar eine ganze Woche bekommen, denn auf diese Weise erlernen Kinder einen selbstständigen Umgang mit diesen Nahrungsmitteln.
- ✓ Nach dem Zähneputzen sind Süßwaren tabu, denn das würde sonst nur die Entstehung von Karies fördern.
- ✓ Süßigkeiten sollten im Allgemeinen nicht an einem Ort aufbewahrt werden, der für Kinder sehr leicht erreichbar ist. Wenn Kinder nicht ständig süße Snacks vor Augen haben, verspüren sie auch seltener eine Lust darauf.
- ✓ Kindern sollten nicht aus Langeweile essen und schon gar keine zuckerreichen Speisen.
- ✓ Die Vorräte im Haus sollten nicht zu üppig sein, so ist die Verlockung auch nicht so groß. Eine Vielfalt verleitet Kinder nur noch mehr zu einem hemmungslosen Zuckerkonsum, denn so haben die Kleinen das Gefühl, alles ausprobieren zu müssen, was nicht gleich aussieht.

Zucker ist keine kindgerechte Belohnung

Zucker sollte kein Lockmittel sein, um Kinder zu bestimmten Handlungen zu verleiten und auch keine Belohnung. Je früher Kinder das verstehen, desto besser ist es, denn schließlich geht es darum, Nahrungsmittel als Grundlage für ein gesundes Wachstum und ein gesundes Leben anzusehen und nicht als Mittel zum Zweck.

Selbstverständlich können Kinder zwei bis drei Mal wöchentlich auch mal Süßes essen, doch nicht unter dem Gesichtspunkt der Belohnung, weil sie beispielsweise ihr Mittagessen komplett aufgegessen haben. Auch wenn Kinder den Teller mal nicht leer essen, sollte ihnen deshalb nicht die Nachspeise gestrichen werden.

Zudem sollten Kinder auch beim Einkaufen und Zubereiten der Mahlzeiten mitmachen dürfen. So sind sie bereits früh mit eingebunden und entwickeln ein Gespür für gesunde und vermeintlich gesunde Nahrungsmittel. Mit einer liebevollen Anleitung und Begleitung entwickeln Kinder Freude an einer gesunden Ernährung und interessieren sich selbst für die Zubereitung vollwertiger, ausgewogener und zuckerfreier Gerichte.

Natürlich macht den Kleinen auch das niedliche Anrichten der Speisen sehr viel Freude: Ein lustiges Spiegelei-Gesicht oder ein bunter Obstteller machten richtig Lust auf eine gesunde, farbenfrohe und vitaminreiche Ernährung – ganz ohne ungesunden Industriezucker!

Die wichtigsten Gütesiegel im Überblick

Am besten greifst Du zu saisonalen und zu regionalen Produkten – und das in einer hohen Bio-Qualität. Nahrungsmittel aus kontrolliert biologischem Anbau sind nicht so stark mit Pestiziden und Keimen belastet und enthalten auch weniger Nitrat. Auch Gentechnik ist bei Bio-Anbietern tabu. Damit tust Du nicht nur Deinem Körper etwas richtig Gutes, sondern übernimmst auch gleichzeitig soziale und ökologische **Verantwortung**.

Mit dem Gütesiegel „**Bio**" werden in unserem Land Nahrungsmittel gekennzeichnet, die der gültigen EG-Öko-Verordnung entsprechen. Das heißt, dass ein Nahrungsmittel zu 95 % aus biologischem Anbau sowie artgerechter Tierhaltung stammen muss.

Zudem garantiert das **Bio-Siegel** den Verzicht auf künstliche Dünger sowie chemische Pflanzenschutzmittel. Ebenso wird bei der Herstellung dieser Nahrungsmittel auf Antibiotika bei Tieren verzichtet. Das Bio-Siegel untersagt zudem strengstens den Einsatz von gentechnisch veränderten Lebensmittelsorten.

Das Siegel **Demeter** steht für eine dynamisch-biologische Landwirtschaft. Hier wird zum Beispiel höchster Wert auf die Grün-Düngung gelegt. Zudem erfolgen strengste Tierhaltungs- und Anbaukontrollen.

Das **MSC-Gütesiegel** steht für „Marine Stewartship Council“ und gekennzeichnet nachhaltige Meeresfischerei: Hier wird nicht mehr gefischt als nachwächst.

Das **Gütesiegel KAT** kommt vom „Verein für kontrollierte alternative Tierhaltungsformen e.V.“: Hier werden Eier – vom Futtermittelhersteller bis in den Supermarkt – lückenlos kontrolliert.

Das **Fairtrade-Siegel** steht für einen fairen Handel von Nahrungsmitteln wie zum Beispiel Früchten, Kakao oder Reis aus den Entwicklungsländern. Dieses Siegel steht für gute Arbeits- und Lebensbedingungen – für die Arbeiter, aber auch für die Hersteller.

Tipps, Tricks & Ratschläge für Deinen Vorratsschrank

Folgende Nahrungsmittel solltest Du immer zu Hause in Deinem Vorratsschrank haben. Mit nur wenigen Frischzutaten kannst Du aus dem Stand heraus zahlreiche schnelle, unkomplizierte und sehr geschmackvolle Gerichte zaubern.

Vorrat für frische Nahrungsmittel:

- Kartoffeln
- Butter
- Joghurt
- Eier
- Zitronen
- Äpfel
- Zwiebeln
- Milch
- Sahne
- Knoblauch

Tiefkühl- und gekühlter Vorrat:

- Parmesan
- Blätterteig
- Hackfleisch
- Brot
- Gemüse wie zum Beispiel Spinat, Erbsen, Brokkoli oder Pfannengemüse.
- Fischfilets
- Beeren

Gewürze im Vorratsschrank:

- Pfefferkörner
- Currypulver
- Muskatnuss
- Salz
- Zimt: Zimtpulver und Zimtstangen
- Lorbeerblätter
- Paprikapulver (süß und scharf)
- Kümmel

Vorratskammer:

- Essig
- Öl
- Honig
- Oliven
- Alufolie
- Backpapier
- Dinkelvollkornmehl
- Vollkorn-Pasta
- Naturreis
- Apfelmus ohne Zuckerzusatz
- Getrocknete Hülsenfrüchte wie zum Beispiel Kichererbsen oder rote Linsen
- Knäckebrot
- Zwieback
- Nüsse, Mandeln
- Pinien- und Salatkerne
- Sauerkraut
- Getrocknete Tomaten
- Thunfisch in der Dose
- Stückige Tomaten
- Kidneybohnen
- Champignonköpfe in der Dose
- Haferflocken
- Polenta.

Die zuckerfreie Familienküche – Ratz Fatz auf den Tisch!

Einmal pro Woche solltest Du Dir Zeit nehmen, um einen Ernährungs- beziehungsweise Speiseplan für die Familie zu erstellen. So bleibt Dir mehr Zeit für die Familie und den Genuss.

- **Gute Vorbereitung:**
  Eine gute Vorbereitung ist das A und O. Lies Dir die Rezepte am besten erst einmal gut durch und wiege dann die Zutaten ab.

- **Koche clever:**
  Je kleiner die Gemüsestücke sind, desto schneller sind sie gar – doch das Zerkleinern kostet oftmals ziemlich viel Zeit. Eine gute Lösung, zum Zeitsparen ist hier das Raspeln. Zudem kannst Du so das Gemüse in diversen Gerichten auch für kleine und große Muffel gut verstecken.

  Ebenso kannst Du auf Küchenmaschinen, einen Pürierstab oder einen Multi-Zerkleinerer zurückgreifen. Mit diesen kleinen Küchenhelfern zauberst Du im Handumdrehen verschiedene tolle Familien-Mahlzeiten.

- **Nutze den Wasserkocher:**
  Eine weitere Zeitbremse beim Kochen ist, das Wasser zum Kochen zu bringen. Für die blitzschnelle Familienküche kannst Du auf einen Wasserkocher zurückgreifen. Bringe parallel eine handbreit Wasser in einem Topf auf dem Herd zum Kochen. Zudem solltest Du immer den Deckel auflegen, das spart Dir nämlich nicht nur Zeit, sondern auch wertvollen Strom.

- **Koche auf Vorrat:**
  Eintöpfe, Pasta-Soßen oder auch Suppen können wunderbar in doppelter Menge zubereitet werden. Diese kannst Du anschließend einfrieren und beim nächsten Mal hast Du sehr rasch etwas zur Hand. Auch zuckerfreie Salatdressings kannst Du wunderbar vorproduzieren und es in einem Schraubglas, bis zu fünf Tagen im Kühlschrank lagern.

- **Koche mit Express-Zutaten:**
  Viele Grundnahrungsmittel wie zum Beispiel Tomaten oder auch Hülsenfrüchte findest Du in praktischen Dosen oder im Glas. Achte hier aber bitte immer auf zuckerfreie Produkte. Lästiges Gemüse schnippeln kannst Du Dir ebenfalls sparen: Verwende Tiefkühlgemüse, denn dieses ist gleich nach der Ernte schockgefroren und erhält noch die ganze Fülle an wertvollen Nähr- und Vitalstoffen!

- **Bevorzuge Filetstücke:**
  Bei Fisch und Fleisch solltest Du zu Filetstücken greifen: Diese sind sehr flach und zart und können blitzschnell gar zubereitet werden.

- **Backofenzubereitung:**
  Alle Temperaturangaben für **Rezepte mit Backofenzubereitung** sind auf die Einstellung **„Ober- und Unterhitze“** angegeben. Heize den Backofen vor, um die Garzeiten zu verkürzen.

- **Zubereitungszeiten:**
  Alle Zeitangaben bei den **Rezepten** beziehen sich auf die **geschätzte Arbeitszeit. Gar-, Einwirk- und Ruhezeiten** sind je nach Größe der Zutaten und der Wunsch-Garstufe hinzuzurechnen.

- **Nährwertangaben:**
  Alle **Nährwertangaben** beziehen sich immer auf **eine Portion.**

Rezeptübersicht

~ Basic-Rezepte, Saucen & Marinaden ~

~ Frühstück ~

~ Salate ~

~ Suppen & Eintöpfe ~

~ Fingerfood & Snacks ~

~ Getränke ~

~ Hauptspeisen ~

~ Desserts & Nachspeisen ~

~ Speisen für Kindergeburtstage ~

Basic-Rezepte, Saucen & Marinaden

Bevor es mit den eigentlichen basischen Rezepten losgeht, haben wir hier einige Grundrezepte für Dich. Sie erleichtern Dir Deine basenbasierte Ernährung und unterstützen Dich, im hektischen Berufsalltag nicht zu Fertigprodukten greifen zu müssen.

So kannst Du Dich problemlos gesund und basisch ernähren, ausreichend Kraft und Energie für Deinen fordernden Alltag tanken sowie den Tag in vollen Zügen genießen.

Zuckerfreier Ketchup

179 kcal | 30 g Kohlenhydrate | 13 g Eiweiß | 2 g Fett

500 ml | 10 Min. | leicht

Zutaten:

- 500 ml passierte Tomaten
- 3 EL Tomatenmark
- 1 TL Paprikapulver, edelsüß
- Prise Meersalz
- Prise Pfeffer
- 1 EL Saft einer unbehandelten Zitrone
- Nach Belieben: 1 Knoblauchzehe

Zubereitung:

1. Vermische alle Zutaten gut miteinander.
2. Wenn Du Dein Ketchup mit ein wenig Knoblauch verfeinern möchtest, presse es am besten durch eine Knoblauchpresse. So wird es schön fein.
3. Fülle den Ketchup dann in ein Schraubglas und bewahre es im Kühlschrank auf.

Tipp:

Wenn Du kein Tomatenmark magst, kannst Du es auch weglassen, doch dieser sorgt für einen noch aromatischeren Tomatengeschmack Deines Ketchups.

Wenn Du Curry-Ketchup magst, kannst Du einfach zu den oben genannten Zutaten noch 1 - 2 TL Currypulver hinzugeben.

Selbstgemachte Gemüsebrühe im Glas

221 kcal | 35 g Kohlenhydrate | 14 g Eiweiß | 4 g Fett

200 g | 25 Min. | leicht

Zutaten:

- 400 g Möhren
- 400 g Knollensellerie
- 400 g Staudensellerie
- 3 große Küchenzwiebeln (weiß)
- 25 g Salz

Zubereitung:

1. Schäle zunächst einmal das Gemüse.
2. Reibe dann die Möhren und den Knollensellerie und drücke beides gut aus.
3. Den Staudensellerie in sehr dünne Streifen schneiden und die Blätter ganz fein hacken.
4. Auch die Küchenzwiebeln schälen und in dünne Streifen schneiden.
5. Lege nun das gesamte Gemüse auf ein mit Backpapier ausgelegtes Blech.
6. Heize den Backofen vor und trockne das Gemüse bei 80 Grad Ober- und Unterhitze ungefähr 3 bis 4 Stunden lang. Halte den Ofen in dieser Zeit mithilfe eines Kochlöffels einen ganz kleinen Spalt weit geöffnet, damit der entstehende Dampf entweichen kann.
7. Fülle das getrocknete Gemüse anschließend in einen Mörser oder in eine Küchenmaschine. Füge das Salz hinzu und zerkleinere/mörsere alles schön fein. Anschließend in ein luftdichtes Glas verpacken. Je nach gewünschter geschmacklicher Intensität brauchst Du 1 TL dieser Gemüsebrühe für 250 ml Wasser.

Hinweis:

Du brauchst für die Herstellung dieser Gemüsebrühe mindestens 600 g frisches Gemüse, doch Du kannst die Zutaten ganz nach Deinen Vorlieben frei verteilen: So kannst Du zum Beispiel mehr Möhren verwenden und weniger Knollensellerie. Auch Pastinaken eignen sich sehr gut und können in diesem Grundrezept einen Teil des Knollen- oder Staudenselleries ersetzen.

Alternativ kannst Du auch die im Handel erhältliche „Bio-Gemüsebrühe“ kaufen, Du solltest aber zwingend darauf achten, dass diese „ohne Hefe und Geschmacksverstärker“ ist!

Selbstgemachter Mandeldrink

595 kcal | 4 g Kohlenhydrate | 19 g Eiweiß | 53 g Fett

500 ml 10 Min. leicht

Zutaten:

- 100 g ungeschälte Mandeln
- 500 ml Wasser

Zubereitung:

1. Gib die Mandeln in eine Schüssel zum Einweichen und bedecke sie mit Wasser.
2. Gieße am nächsten Tag das Wasser ab und spüle die Mandeln unter fließendem Wasser gut ab.
3. Nun die Mandeln zusammen mit 500 ml frischem Wasser in einen hohen Standmixer geben. Auf niedrigster Stufe mit dem Mixvorgang beginnen und dann schrittweise nach oben fahren. Mixe alles schön kräftig durch, bis die Mandeln ganz fein zerkleinert sind.
4. Filtere dann diese Mischung mithilfe eines Kaffeefilters oder einer sauberen Nylon-Strumpfhose.
5. Fülle den Mandeldrink in eine Flasche und bewahre sie 1 - 2 Tage lang im Kühlschrank auf.

Hinweis:

In der EU dürfen Milchalternativen nicht als „Milch" bezeichnet werden, da diese nicht gemolken werden. Es gelten aber Ausnahmen wie Beispielweise Kokosmilch. Sprich wenn Du von Mandelmilch hörst, ist der Mandeldrink damit gemeint.

Tipp:

Alternativ kannst Du auch den im Handel erhältlichen „Mandeldrink" kaufen, Du solltest aber zwingend darauf achten, dass dieser „ungesüßt" ist!

Selbstgemachtes Mandelmus

293 kcal | 4 g Kohlenhydrate | 13 g Eiweiß | 25 g Fett

450 g | 25 - 30 Min. | leicht

Zutaten:

- 400 g Mandeln (für weißes Mandelmus geschälte Mandeln, für braunes Mandelmus ungeschälte Mandeln verwenden)

Zubereitung:

1. Gib die Mandeln in einen leistungsstarken Mixer und mixe alles so lange, bis ein weiches und schön cremiges Mandelmus entstanden ist.
2. Fülle es dann in ein Schraubglas.

Hinweis:

Im Kühlschrank kannst Du es 7 bis 14 Tage aufbewahren.

Tipp:

Es kann sein, dass während des Mixvorgangs die Mandelmasse häufiger am Gefäßrand hängen bleibt. Halte den Mixer dann kurz an und schiebe die Mandeln mit einem Teigschaber nach unten. Durch die hohen Umdrehungen des Standmixers wird das Mandelmus ganz langsam und moderat erwärmt: Das fördert zwar auf der einen Seite die Freisetzung der wertvollen enthaltenen Öle, doch auf der anderen Seite verringert Hitze die Mandelmus-Qualität. Das bedeutet, dass also wertvolle inhaltliche Bestandteile zerstört werden.

Aus diesem Grund ist es wichtig, dass Du den Mixer zwischendurch immer wieder anhältst und das Mus im Behälter abkühlen lässt. Wiederhole den Mixvorgang dann schrittweise so lange, bis ein Mus entstanden ist.

Selbstgemachtes Ingwermus

135 kcal | 26 g Kohlenhydrate | 1 g Eiweiß | 4 g Fett

3 – 4 Port. | 20 Min. | leicht

Zutaten:

- 1 EL Ahornsirup
- 600 g Äpfel
- Meersalz & Pfeffer
- 2 EL Saft einer Bio-Zitrone
- 1 EL Olivenöl
- 1 Ingwerstück (4 cm)
- 2 Schalotten

Zubereitung:

1. Wasche die Äpfel heiß ab oder schäle sie. Viertele die Äpfel und entferne das Kerngehäuse. Würfele dann das Fruchtfleisch grob und beträufele sie sofort mit dem Saft der Zitrone.
2. Schäle nun auch den Ingwer und die Schalotten und würfele beides gleich.
3. Erhitze das Olivenöl in einem Topf und dünste darin die Ingwer- und die Schalotten-Würfel bei mittlerer Hitzezufuhr an. Gib dann die Äpfel und 100 ml Wasser hinzu und lass alles bei geringer Hitzezufuhr ungefähr 10 Minuten lang cremig einkochen.
4. Schmecke zum Schluss alles noch mit einer Prise Salz und dem Pfeffer ab und rühre dann noch den Ahornsirup ein.

Tipp:

Dieses Mus ist ein perfekter Snack für zwischendurch. Du kannst dieses Mus aber auch wunderbar zu Frisch- oder Geflügelgerichten genießen.

Dattelpaste zum Süßen – „Die gesunde Zuckeralternative"

185 kcal | 41 g Kohlenhydrate | 3 g Eiweiß | 1 g Fett

450 g | 5 Min. | leicht

Zutaten:

- 250 g entsteinte und getrocknete Datteln
- 220 ml Wasser

Zubereitung:

1. Gib die Datteln zusammen mit dem Wasser in eine leistungsstarke Küchenmaschine und mixe alles zu einer cremigen Paste.
2. Fülle diese Paste dann in ein Schraubglas und bewahre sie im Kühlschrank auf. Kühl gelagert hält sich die süße Dattelpaste rund eine Woche lang.

BBQ-Soße

158 kcal | 21 g Kohlenhydrate | 3 g Eiweiß | 6 g Fett

400 ml | 15 Min. | leicht

Zutaten:

- 3 rote Zwiebeln, klein gehackt
- 2 EL Rapsöl
- 4-6 EL Ahornsirup
- 4 Zehen Knoblauch, klein gehackt
- 4 EL Tomatenmark (ohne Zucker)
- 500 ml passierte Tomaten
- 80 ml Apfelessig
- ½ TL Rauchsalz
- 2 TL Senf (ohne Zucker)
- 2 TL Paprikapulver
- 1 TL Kreuzkümmel
- 0,5 TL Chilipulver

Zubereitung:

1. Brate die Zwiebeln in einem Topf mit Öl kräftig an, sodass Röstaromen entstehen.
2. Gib nun den Ahornsirup dazu und lasse diesen karamellisieren.
3. Nun den gehackten Knoblauch und das Tomatenmark dazugeben und kurz mit anbraten. Lösche nun alles mit den passierten Tomaten und den Apfelessig ab.
4. Würze nun das Gemisch mit den restlichen Zutaten und lass alles bei geringer Stufe und geschlossenen Deckel ca. 20 Minuten köcheln.
5. Nun sollte die BBQ-Sauce eine dickflüssige Konsistenz haben. Wenn nötig püriere die Sauce im Anschluss.

Tipp:

Wenn Du es etwas gesünder und weniger süß magst, kannst Du auch den Ahornsirup weglassen. Zwar entfällt diese charakteristische Süße aber auch ohne diese ist die Sauce immer noch ein leckeres Highlight.

Kräuter-Soße

158 kcal | 5 g Kohlenhydrate | 2 g Eiweiß | 14 g Fett

400 ml | 15 Min. | leicht

Zutaten:

- 1 Schalotte
- 2 EL Butter
- 2 EL Dinkel-Vollkornmehl
- 300 ml natürliche Gemüsebrühe
- 100 ml Schlagsahne
- 2 EL frisch gehackte Kräuter (Petersilie & Dill)
- 1 Prise Salz
- 1 Prise Pfeffer
- 1 Prise Muskat, gerieben
- 1 TL aus einer Bio-Zitrone

Zubereitung:

1. Die Schalotte putzen und in Würfel zerteilen.
2. Die Butter in einem Topf erhitzen, um die Schalotte darin glasig zu dünsten. Streue das Mehl nun leicht darüber.
3. Gib nun die 300 Milliliter Gemüsebrühe und die Sahne unter ständigem Rühren hinzu. Vermische alles mit einem Schneebesen.
4. Die Soße ca. 10 Minuten köcheln lassen, bis die Soße dicker und cremiger wird.
5. Gib nun die gehackten Kräuter und den Zitronensaft hinzu und schmecke alles mit Muskat, Salz und Pfeffer ab.

Fenchel-Soße

549 kcal | 2 g Kohlenhydrate | 4 g Eiweiß | 56 g Fett

4 Port. 20 Min. leicht

Zutaten:

- ½ Fenchelknolle
- 100 ml trockener Weißwein
- 2 EL Weißweinessig
- 250 g Butter
- 3 Eigelbe
- 2 EL frisch gehacktes Fenchelgrün
- 1 Prise Salz
- 1 Prise Pfeffer
- 1 EL Zitronensaft

Zubereitung:

1. Wasche die Fenchelknolle und schneide die Knolle in kleine Würfel.
2. Die Würfel der Fenchelknolle dem Weißwein zugeben und zusammen aufkochen. Gib nun den Weißweinessig in den Sud hinzu und koche diesen so lange weiter, bis dieser auf 1/3 reduziert ist und der Alkohol verkocht ist.
3. Gieße anschließend den Sud durch ein feines Sieb.
4. Zerlasse die Butter in einem Topf bei geringer Hitze und stelle diese anschließend bei Seite.
5. Erhitze nun einen Topf mit genügend Wasser und stelle eine Metallschüssel in das Wasserbad rein.
6. Gib nun das Eigelb sowie den Fenchelweißweinsud in diese Metallschüssel und schlage es schaumig. Füge danach langsam die Butter in die Schüssel, während Du ständig weiterrührst. Die Eimasse darf dabei nicht aufgekocht werden.
7. Würze die Sauce mit dem Zitronensaft, dem Fenchelgrün und schmecke sie mit Salz und Pfeffer ab.

Grünes Radieschenpesto

283 kcal | 1 g Kohlenhydrate | 4 g Eiweiß | 30 g Fett

4 Port. 5 Min. leicht

Zutaten:

- 1 Knoblauch
- 2 Handvoll frische Radieschenblätter
- 2 EL Pinienkerne
- 30 g Parmesan, gerieben
- 100 ml Olivenöl extra nativ
- 1 Prise Salz
- 1 Prise Pfeffer
- 1 TL Saft einer Bio-Zitrone

Zubereitung:

1. Schäle als Erstes den Knoblauch und gebe diesen durch eine Knoblauchpresse.
2. Entferne das Blattgrün von den Radieschen und waschen diesen. Lass anschließend die Radieschenblätter abtropfen und hacke diese in grobe Stücke.
3. Röste nun die Pienenkerne in einer beschichteten Pfanne bis diese gebräunt sind.
4. Gib nun die Pinienkerne, die Radieschenblätter, den Knoblauch und das Öl in eine hohe Schüssel. Püriere alles, bis es eine homogene Masse ergibt.
5. Schmecke zum Schluss das Pesto mit Pfeffer, Salz und Zitronensaft ab.

Klassische Helle-Soße

98 kcal | 8 g Kohlenhydrate | 1 g Eiweiß | 6 g Fett

400 ml | 20 Min. | leicht

Zutaten:

- 30 g Butter
- 40 g Mehl
- 500 ml natürliche Gemüsebrühe
- Salz
- Pfeffer
- Prise Muskat

Zubereitung:

1. Schmelze als Erstes die Butter in einen Topf bei geringer Hitze und stelle diese zur Seite. Rühre nun das Mehl in die geschmolzene Butter.
2. Koche nun die Gemüsebrühe mit 500 ml Wasser und rühre diese ebenfalls in das Buttermehlgemisch.
3. Koche nun die Soße unter ständigem Rühren auf und lass diese für 10 Minuten weiterköcheln.
4. Schmecke nun die Helle-Soße mit Salz, Pfeffer und Muskatnuss ab und fertig ist die perfekte Soße für Gemüse, Fisch- und Reisgerichte.

Würzige Steak-Marinade

234 kcal | 2 g Kohlenhydrate | 1 g Eiweiß | 25 g Fett

4 Port. 5 Min. leicht

Zutaten:

- ½ TL Koriandersamen
- 1 Msp. Senfpulver
- 100 ml Olivenöl
- 1 TL Meersalz
- ½ TL getrockneter Thymian
- 1 Msp. Paprikapulver
- ½ TL Pfefferkörner
- ½ TL Kreuzkümmel
- 1 Msp. Chilipulver

Zubereitung:

1. Gib alle Zutaten in einem Mixer und püriere diese so lange, bis alles gut vermischt ist.
2. Fülle nun die Marinade zusammen mit den Steaks in eine Schüssel und lass diese mindestens 1 – 3 Stunden im Kühlschrank ziehen, bevor Du dieses zubereitest.

Tipp:

Du kannst das Fleisch auch über Nacht in den Kühlschrank stellen, so bekommst Du ein noch intensiveres Aroma.

Leichte Kräuter-Marinade

23 kcal | 3 g Kohlenhydrate | 0,5 g Eiweiß | 0,5 g Fett

4 Port. 5 Min. leicht

Zutaten:

- 4 EL Saft einer Bio-Zitrone
- 1 EL Thymianzweige
- 1 TL Fenchelsamen
- 50 ml trockener Weißwein
- 2 Knoblauchzehen

Zubereitung:

1. Schäle als Erstes die Knoblauchzehen.
2. Wasche nun die Zitrone mit heißem Wasser ab und presse diese aus.
3. Gib alle Zutaten in einem Mixer und püriere diese so lange, bis alles gut vermischt ist.
4. Fülle nun die Marinade zusammen mit dem Fleisch in eine Schüssel und lasse diese mindestens 1 – 3 Stunden im Kühlschrank ziehen, bevor Du dieses zubereitest.

Tipp:

Kräutermarinaden eignen sich sehr gut für alle möglichen Fleischsorten oder Fischvarianten, egal ob für weißes oder rotes Fleisch.

Fruchtige Curry-Marinade

154 kcal | 5 g Kohlenhydrate | 2 g Eiweiß | 14 g Fett

6 Port. | 10 Min. | leicht

Zutaten:

- 200 g Aprikosen
- 150 g Joghurt (fettarm)
- 2 TL Currypulver
- 1 Prise Salz
- 3 TL Koriander
- 100 g Mayonnaise (fettarm)

Zubereitung:

1. Entsteine die Aprikosen und hacke diese sehr fein.
2. Gib alle Zutaten in einen Mixer und püriere diese so lange, bis alles gut vermischt ist.
3. Fülle nun die Marinade zusammen mit dem Fleisch in eine Schüssel und lass diese mindestens 1 – 3 Stunden im Kühlschrank ziehen, bevor Du dieses zubereitest.

Tipp:

Die Curry-Marinade eignet sich sehr gut für Hähnchen- und Putenfleisch. Diese Marinade kann bei Geflügelfleischsorten ihren vollen Geschmack entfalten.

Zitrus-Fischmarinade

227 kcal | 4 g Kohlenhydrate | 0,5 g Eiweiß | 22 g Fett

6 Port. | 10 Min. | leicht

Zutaten:

- 6 Bio-Zitronen
- 4 Knoblauchzehen, gepresst
- 150 ml Weißwein
- 130 ml Olivenöl
- 5 Esslöffel frisch gehackte Petersilie
- 1 Prise Meersalz
- 1 Prise Pfeffer

Zubereitung:

1. Wasche die 6 Zitronen mit heißem Wasser ab und presse sie aus.
2. Schäle nun den Knoblauch und gebe diese durch eine Knoblauchpresse.
3. Gib nun alle Zutaten in eine Schüssel und mische sie gut durch.
4. Fülle nun die Marinade zusammen mit dem Fisch in eine Schüssel und lass diese mindestens 1 – 3 Stunden im Kühlschrank ziehen, bevor Du diesen zubereitest.

Tipp:

Die Zitrus-Marinade eignet sich perfekt zu Lachs, Garnelen und allen Weißfischsorten.

Minz-Lammmarinade

127 kcal | 3 g Kohlenhydrate | 1 g Eiweiß | 13 g Fett

8 Port. 10 Min. leicht

Zutaten:

- Saft von 2 Bio-Limetten
- 4 Knoblauchzehen, gepresst
- 1 Schalotte, klein gehackt
- 1 Bund frische Minze
- 1 EL Korianderblätter
- 1 EL Meersalz
- 0,5 TL Chilipulver
- 100 ml Olivenöl
- 2 EL Apfelessig

Zubereitung:

1. Wasche die 2 Limetten mit heißem Wasser ab und presse sie aus.
2. Schäle nun den Knoblauch und gebe diese durch eine Knoblauchpresse.
3. Wasche ebenfalls den Bund Minze und trenne diesen von seinem Stängel. Zudrücke nun die Minzblätter und hacke sie grob.
4. Gib nun alle Zutaten in eine Schüssel und mische sie gut durch.
5. Fülle nun die Marinade zusammen mit den Lammkoteletts in eine Schüssel und lass diese mindestens 1 – 3 Stunden im Kühlschrank ziehen, bevor Du diesen zubereitest.

Tipp:

Die Minz-Marinade eignet sich nicht nur Lammkoteletts, sondern auch für Rindfleisch. Diese Marinade verleiht dem Fleisch einen frisch herzhaften Geschmack.

Frühstück

Das Frühstück ist bekanntermaßen die wichtigste Mahlzeit des Tages nicht nur für die Kleinen. Vor allem im stressigen Familienalltag muss es schnell gehen, aber dennoch gesund und lecker sein.

Über die Nachtstunden hat der Organismus alle Nährstoffe verwertet und die Energieressourcen aufgebraucht. Wer nun morgens auf das Frühstück verzichtet, riskiert schon bald unangenehme Heißhungerattacken und greift schneller zu Fertiggerichten mit verstecktem Zucker.

Viel Spaß beim Ausprobieren der Frühstücksrezepte.

Familien-Klassiker „American Pancakes"

354 kcal | 21 g Kohlenhydrate | 30 g Eiweiß | 14 g Fett

4 Port. | 15 Min. | leicht

Zutaten:

- 2 EL Kokosöl
- 6 Bio-Eier
- 200 g Speisequark (Magerstufe)
- 2 Bananen
- 100 g gemahlene Mandeln
- 4 TL Backpulver

Zubereitung:

1. Beginne damit, die Eier in einer Rührschüssel zu trennen. Die Eiweiße zuerst steif schlagen und die Eigelbe kurz beiseitestellen.
2. In einem nächsten Schritt die Bananen schälen und mit einer Gabel etwas zerdrücken. Gib das Bananen-Mus zu den Eigelben in die Rührschüssel.
3. Vermenge in einer kleinen Schüssel das Backpulver mit den Mandeln und dem Quark. Rühre alles solange, bis keine Klumpen mehr vorhanden sind. Gib diesen Teig nun in die Rührschüssel zu dem Bananen-Ei-Mix.
4. Hebe nun vorsichtig das Eiweiß unter.
5. Erhitze in einer Pfanne das Kokosöl und backe die Pancakes nacheinander aus.
6. Serviere die fertigen Pfannkuchen sofort und genieße das Frühstück.

Tipp:

Dieses Frühstück lässt sich wunderbar in größeren Mengen vorbereiten. Ein absoluter Klassiker, den die ganze Familie liebt. Du kannst für etwas Abwechslung noch frische Heidelbeeren über die Pancakes geben, ganz nach Deinem Geschmack.

Overnight-Oats „Vanille-Joghurt-Traum"

382 kcal | 47 g Kohlenhydrate | 13 g Eiweiß | 12 g Fett

4 Port. | 15 Min. | leicht

Zutaten:

- 2 Bananen
- 300 ml frische Milch (1,5 % Fett)
- 140 g zarte Haferflocken
- 400 g griechischer Joghurt (bis 0,2 % Fett)
- 200 g Himbeeren
- 2 Msp. gemahlene Vanille

Zubereitung:

1. Vermenge in einem ersten Schritt in einer Rührschüssel die Milch mit der gemahlenen Vanille und dem Joghurt. Rühre vorsichtig die Haferflocken unter und fülle alles in ein Glas. Das Glas über Nacht im Kühlschrank stehen lassen.
2. Wasche am nächsten Tag die Himbeeren und lasse sie kurz abtropfen.
3. Die frischen Bananen schälen und in Scheiben schneiden.
4. Garniere die Overnight-Oats mit den frischen Himbeeren und der Banane.
5. Diese Overnight-Oats sind der perfekte Start in einen gesunden Morgen. Guten Appetit!

Hinweis:

Zusätzlicher Zeitaufwand: Die Haferflocken-Mischung sollte über Nacht im Kühlschrank quellen.

Glutenfreies Bananenbrot

158 kcal | 6 g Kohlenhydrate | 11 g Eiweiß | 6 g Fett

1 Brot | 15 Min. | leicht

Zutaten:

- 1 TL Backpulver
- 4 Bananen
- 2 EL Kokosöl
- 3 Bio-Eier
- 1 TL gemahlene Vanille
- 1 Prise Meersalz
- 250 g gemahlene Mandeln

Zubereitung:

1. Schäle als Erstes die Bananen und zerdrücke sie auf einem Teller.
2. Gib nun 1 ½ EL Kokosöl und Vanillepulver in eine kleine Rührschüssel.
3. Die Eier und das Salz hinzugeben und unter die Bananen mischen.
4. Fette eine Kastenform mit dem übrigen Kokosöl ein. Fülle den Teig in die Kastenform und backen sie im Ofen für 45 - 50 Minuten bei 180 Grad.
5. Die Form zum Schluss aus dem Ofen nehmen und das Brot abkühlen lassen. Guten Appetit!

Schokoladen-Hafer-Pudding

478 kcal | 78 g Kohlenhydrate | 16 g Eiweiß | 7 g Fett

4 Port. 15 Min. leicht

Zutaten:

- 2 TL Ceylon-Zimt
- 1 l frische Milch (1,5 % Fett)
- 2 TL gemahlene Vanille
- 4 Bananen
- 2 TL Kakaopulver (Backkakao)
- 280 g zarte Haferflocken

Zubereitung:

1. Erhitze in einem Topf die Milch und lasse sie aufkochen.
2. Gib nun die Haferflocken hinzu und lasse alles für 5 Minuten bei moderater Hitzezufuhr köcheln.
3. In der Zwischenzeit die Bananen schälen und klein drücken. Mische sie unter die Haferflocken-Mischung.
4. Nimm nun die Haferflocken vom Herd und würze alles mit Zimt und Vanillepulver. Lasse den Haferbrei noch 5 Minuten quellen.
5. Richte alles auf Tellern an und serviere Dein Frühstück.

Beeren-Bowl

235 kcal | 41 g Kohlenhydrate | 8 g Eiweiß | 4 g Fett

4 Port. | 10 Min. | leicht

Zutaten:

- 2 TL Matcha-Pulver
- 2 EL Saft von einer Bio-Limette
- 600 g fettarmer Naturjoghurt
- 280 g Brombeeren
- 280 g Heidelbeeren
- 4 TL Kokosblütenzucker
- 200 g Buchweizen gepufft

Zubereitung:

1. Widme Dich zuerst den Limetten und wasche sie. Anschließend die Schale reiben und den Saft auspressen. Vermenge nun den Limettensaft mit dem Kokosblütenzucker. Wichtig ist hierbei, dass sich der Zucker vollkommen auflöst.
2. Anschließend zusammen mit der Limettenschale, dem Naturjoghurt und dem Matcha-Pulver vermengen.
3. Wasche nun die frischen Beeren und gib sie ebenfalls unter den Joghurt. Alles in eine Dessertschale geben und als Topping noch den Buchweizen darauf verteilen. Guten Appetit!

Zimt-Orangen-Porridge

265 kcal | 57 g Kohlenhydrate | 5 g Eiweiß | 1 g Fett

4 Port. 20 Min. leicht

Zutaten:

- 2 TL Zimtpulver
- 140 g Buchweizenflocken
- 8 Bio-Orangen
- 2 Zimtstangen
- Etwas Salz
- 4 kleine Stücke Ingwer (ca. 1 cm groß)
- 4 EL Ahornsirup

Zubereitung:

1. Für Deinen veganen Power-Start bringe zuerst 450 ml Wasser zum Kochen. Gib nun das Salz, die Buchweizenflocken und das Zimtpulver hinein und lasse alles zugedeckt für 15 Minuten bei niedriger Hitze köcheln.
2. Wasche in der Zwischenzeit die Orangen, halbiere die Früchte und entsafte die eine Hälfte. Schäle nun die andere Hälfte, entferne die weiße Haut und schneide das Fruchtfleisch in kleine Stücke.
3. Den Ingwer schälen und klein schneiden. Gib nun den Orangensaft mit dem Honig, dem Ingwer und der Zimtstange in einen Topf. Alles gründlich aufkochen lassen und für 4 Minuten bei schwacher Hitze köcheln lassen. Die Orangenscheiben untermischen und nochmals 1 Minute mit garen.
4. Nimm nun alles vom Herd und richte Dein Porridge auf einem Teller an. Den Garsud der warmen Orangen darüber geben und servieren.

Herzhaftes Erbsen-Brokkoli-Omelett

237 kcal | 6 g Kohlenhydrate | 16 g Eiweiß | 17 g Fett

4 Port. | 15 Min. | leicht

Zutaten:

- 4 frische Bio-Eier
- 160 g Brokkoli
- 140 g Erbsen (tiefgefroren)
- 100 g Magerquark
- 2 EL Mineralwasser (mit Kohlensäure)
- 2 EL Kokosöl
- 1 TL Kurkuma
- Etwas Salz und Pfeffer

Zubereitung:

1. Wasche und schneide den Brokkoli zuerst in Röschen. In einem Topf Wasser zum Kochen bringen und den Brokkoli mit den Erbsen für 7 Minuten garen.
2. Vermenge nun die Eier mit der Kurkuma, dem Magerquark, Salz, Pfeffer und dem Mineralwasser.
3. In einer Pfanne das Kokosöl erhitzen und die Ei-Masse hineingeben. Nun noch den Brokkoli und die Erbsen darauf verteilen und das Omelett zugedeckt bei mittlerer Hitze ausbacken und servieren.

Zuckerfreie Müslimischung

116 kcal | 9 g Kohlenhydrate | 3 g Eiweiß | 7 g Fett

15 Port. | 10 Min. | leicht

Zutaten:

- 2 EL Ahornsirup
- 50 g ungeschälte Mandeln
- 150 g Buchweizen
- 50 g Walnusskerne
- 50 g Leinsamen
- 2 EL Leinöl

Zubereitung:

1. Beginne damit, die Mandeln und die Walnusskerne kleinzuhacken. In einer Schüssel nun das Leinöl mit dem Ahornsirup, dem Buchweizen, den Leinsamen und den gehackten Mandeln und den Walnüssen vermengen.
2. Gib nun alles auf ein mit Backpapier ausgelegtes Backblech. Das Müsli für 60 Minuten bei 120 Grad backen. Mische alle 15 Minuten einmal kurz das Müsli durch, damit es von allen Seiten gleich kross wird.
3. Die Mischung zum Schluss auskühlen lassen und gut verschlossen aufbewahren.

Fruchtiges Hütten-Frühstück

262 kcal | 9 g Kohlenhydrate | 23 g Eiweiß | 14 g Fett

4 Port. 10 Min. leicht

Zutaten:

- 400 g Himbeeren
- 80 g Leinsamenschrot
- 400 g körniger Frischkäse
- 1 Prise Salz
- 4 frisch Bio-Eier
- 500 g Magerquark
- Etwas Fett zum Einfetten

Zubereitung:

1. In einem ersten Schritt die Himbeeren waschen und abtropfen lassen.
2. Den Hüttenkäse nun mit dem Leinsamenschrot, die Eier, etwas Salz und dem Quark in einer Rührschüssel vermengen.
3. Befülle nun eine Backform damit und streue die Himbeeren darüber. Alles für 30 Minuten bei 180 Grad ausbacken.
4. Anschließend das Omelett herausnehmen, auskühlen lassen und servieren.

Quinoa-Kakao-Porridge

383 kcal | 42 g Kohlenhydrate | 30 g Eiweiß | 14 g Fett

4 Port. | 10 Min. | leicht

Zutaten:

- 400 g Heidelbeeren
- 4 Vanilleschoten
- 1,2 l ungesüßte Mandelmilch
- 280 g Quinoa (bunt, roh)
- 400 g Himbeeren
- 4 EL Leinsamen
- 8 TL Kakaopulver (Backkakao)
- 120 g gehackte Walnüsse

Zubereitung:

1. Für den ersten Schritt die Vanilleschoten aufschneiden und das Mark herausnehmen. Die Quinoa in einem Sieb heiß abwaschen und in einen kleinen Kochtopf geben. Gib dann das Vanillemark und die Schote, den Mandelmilch und die Leinsamen hinzu und bringe alles zum Kochen. Für 15 Minuten zugedeckt köcheln lassen. Es sollte der überwiegende Teil der Flüssigkeit aufgesaugt werden.
2. Wasche in der Zwischenzeit die Heidelbeeren und die Himbeeren.
3. Röste nun in einer Pfanne ohne Öl die Walnüsse kurz an.
4. Gib das fertige Porridge in eine Schüssel und verteile darüber die Walnüsse, die Heidelbeeren und die Himbeeren. Alles mit dem Kakaopulver (Backkakao) bestreuen und genießen.

Italienisches Frühstück

240 kcal | 9 g Kohlenhydrate | 9 g Eiweiß | 19 g Fett

4 Port. 15 Min. leicht

Zutaten:

- 60 g gehackte glatte Petersilie
- 4 EL fettarmer Naturjoghurt
- 2 Bio-Zitronen
- 4 rote Zwiebel
- 120 g Feta
- 12 gehackte Walnusskerne
- 2 Salatgurken
- 2 TL Olivenöl extra nativ
- Meersalz & Pfeffer
- 8 Strauchtomaten
- 12 schwarze Oliven (ohne Stein)
- Etwas gemahlener Kreuzkümmel

Zubereitung:

1. Wasche zuerst die Zitronen und reibe die Schale ab. Den Feta anschließend in kleine Stücke bröseln. Vermenge nun die gehackten Walnüsse mit dem Feta, der Zitronenschale, der gehackten Petersilie, dem Joghurt und dem Olivenöl. Gib alles in eine Küchenmaschine und hacke alles fein. Würze alles mit dem Pfeffer, 3 TL Zitronensaft, dem Salz und dem Kreuzkümmel.
2. Wasche nun die frischen Salatgurken und schneide sie in Scheiben. Die Tomaten ebenfalls waschen und klein schneiden. Die rote Zwiebel schälen und in feine Ringe schneiden.
3. Richte nun auf einem Teller das Gemüse an.
4. Lege die Oliven darüber und gib zum Schluss noch den frischen mediterranen Dip über Dein Frühstück.

Overnight-Oats mit frischen Brombeeren

297 kcal | 36 g Kohlenhydrate | 13 g Eiweiß | 10 g Fett

4 Port. 15 Min. leicht

Zutaten:

- 400 g Brombeeren
- 400 ml ungesüßte Mandelmilch
- 4 EL Leinsamen
- 160 g Buchweizenflocken
- 200 g Magerquark

Zubereitung:

1. Wasche zuerst die Brombeeren. Gib nun die Hälfte der Beeren in ein verschließbares Glas und zerdrücke sie darin.
2. Die Leinsamen mit den Buchweizenflocken, der Mandelmilch und dem Speisequark vermengen und ebenfalls in das Glas geben. Die restlichen Brombeeren darüber streuen und das Glas in den Kühlschrank stellen.
3. Alles bis zum nächsten Morgen im Kühlschrank lassen und dann genießen.

Apfel-Nuss-Porridge

399 kcal | 40 g Kohlenhydrate | 9 g Eiweiß | 22 g Fett

4 Port. 15 Min. leicht

Zutaten:

- 2 frische Äpfel
- 4 EL Leinsamenschrot
- 120 g Buchweizenflocken
- 200 ml ungesüßte Mandelmilch
- 1 TL gemahlene Kurkuma
- 80 g gemahlene Walnüsse
- 2 TL Zimt
- 200 g Heidelbeeren
- Etwas Kokosblütenzucker zum Süßen
- 4 Walnusshälften für die Garnitur

Zubereitung:

1. Gib zuerst 400 ml Wasser in einen Topf. Fülle nach und nach die Mandelmilch, die gemahlenen Walnüsse, das Kurkumapulver, die Buchweizenflocken und die Leinsamen hinzu und lasse alles für 15 Minuten bei niedriger Temperatur köcheln.
2. Rühre nun den Kokosblütenzucker zusammen mit dem Zimt unter.
3. Wasche die Äpfel, entferne die Kerne und schneide ihn in Spalten. Anschließend die Heidelbeeren waschen.
4. Das Porridge nun in eine Schüssel füllen, die Heidelbeeren und die Apfelspalten darüber geben.
5. Die Walnusshälften als Topping noch über das Porridge verteilen und genießen.

Mediterrane Frühstücks-Frittata

336 kcal | 8 g Kohlenhydrate | 18 g Eiweiß | 23 g Fett

4 Port. 20 Min. leicht

Zutaten:

- 320 g Karotten
- 8 frische Bio-Eier
- 320 g Brokkoli-Röschen
- Meersalz & Pfeffer
- 80 g Frischkäse
- 2 rote Zwiebel
- 120 ml Mineralwasser (mit Kohlensäure)
- 2 TL Kurkuma
- 80 g geriebener Parmesan
- 2 TL Olivenöl

Zubereitung:

1. Schäle und wasche zuerst die Karotten. Schneide sie anschließend in etwa 2 mm dicke Scheiben.
2. Erhitze nun 500 ml Wasser in einem Topf. Die Brokkoli-Röschen und die Karotten hineingeben und alles für 10 Minuten garen.
3. In der Zwischenzeit die Eier mit Salz, Pfeffer und Kurkuma verquirlen. Den Frischkäse und das Mineralwasser unterheben und alles miteinander vermengen. Die Zwiebel schälen und in Ringe schneiden.
4. Erhitze dann in einer Pfanne das Olivenöl und dünste darin die Zwiebel.
5. Nun in eine hitzebeständige Ofenform die Zwiebeln und das Gemüse geben. Streue den Parmesan darüber. Die Ei-Masse noch über die Gemüse-Mischung geben und alles für 20 Minuten bei 200 Grad im Ofen backen.
6. Anschließend herausnehmen und genießen.

Heidelbeer-Buchweizen-Joghurt nach griechischer Art

354 kcal | 21 g Kohlenhydrate | 30 g Eiweiß | 14 g Fett

4 Port. | 15 Min. | leicht

Zutaten:

- 2 TL Matcha-Pulver
- 250 g Heidelbeeren
- Saft und Schale von 1 Bio-Limette
- 50 g Buchweizen (gepufft)
- 2 TL Kokosblütenzucker
- 300 g griechischer Joghurt (fettarm)

Zubereitung:

1. Widme Dich zuerst der Limette und vermenge ihren Saft mit dem Kokosblütenzucker und dem griechischen Joghurt.
2. Gib dann das Matcha-Pulver hinzu und verrühre alles gründlich. Dann noch die geriebene Schale der Limette hinzugeben.
3. Vermische nun die Limetten-Joghurt-Masse mit dem gepufften Buchweizen und fülle es in zwei Dessertschälchen.
4. Garniere alles mit den frischen Heidelbeeren und genießen Dein Frühstück.

Salate

Salate sind immer sehr geschmackvoll und vielseitig: Was zum Beispiel am Mittag schmeckt, kann auch für das Abendessen sehr gerne eingesetzt werden.

Auch als Vorspeisen sind Salate eine wunderbare Ergänzung zu Deinen Hauptgerichten und sorgen für eine abwechslungsreiche frische Ernährung.

Zudem können Salate sehr gut vorbereitet werden. Bereite einfach die doppelte Menge zu. Die eine Hälfte kann jetzt gleich als Vorspeise gegessen und die andere Hälfte kannst Du für die nächste Mahlzeit auch durch weitere Zutaten ergänzen oder mit einem veränderten Dressing als „neue Salatvariation" genießen.

In diesem Kapitel findest Du viele geschmackvolle Salat-Rezeptideen. Viel Freude beim Nachkochen und guten Appetit!

Sellerie-Thunfisch-Salat

417 kcal | 6 g Kohlenhydrate | 46 g Eiweiß | 21 g Fett

4 Port. 15 Min. leicht

Zutaten:

- 60 g entsteinte schwarze Oliven
- 4 TL Olivenöl extra nativ
- 80 g Stangensellerie (gewürfelt)
- 300 g Thunfisch (1,5 Dosen, abgegossen)
- 80 g rote Zwiebeln (in Ringe geschnitten)
- 200 g grüne Bohnen
- 200 g Kirschtomaten (halbiert)
- 4 TL gehackte Petersilie
- 80 g Rucola
- 4 Bio-Eier
- Saft von 2 Bio-Zitrone
- 2 TL Weißweinessig

Zubereitung:

1. Beginne zuerst damit, die Bohnen in einen Topf mit kochendem Wasser zu geben. Lasse diese dort für ungefähr 6 Minuten gar werden, anschließend herausnehmen und zur Seite stellen.
2. Gib nun die Eier in das kochende Wasser und lasse dieses ebenfalls bis zur gewünschten Konsistenz kochen.
3. Die Eier anschließend unter kaltem Wasser abschrecken, schälen und vierteln.
4. Vermenge nun in einer Schüssel die Oliven mit dem Sellerie, der Petersilie, den Tomaten, den Bohnen, den Zwiebeln, dem Essig und dem Olivenöl.
5. Richte den Salat auf dem Rucola an, verteile nun die Eier und den Thunfisch darüber und beträufle alles mit dem Zitronensaft.

Süßer Fruchtsalat

495 kcal | 12 g Kohlenhydrate | 15 g Eiweiß | 42 g Fett

4 Port. | 15 Min. | leicht

Zutaten:

- 500 g Erdbeeren
- 80 g Walnusskerne
- 4 EL Leinöl
- 150 g Rucola
- 4 EL Aceto Balsamico
- 2 EL Leinsamen
- Etwas Pfeffer und Salz
- 200 g Ziegenfrischkäse

Zubereitung:

1. Beginne zuerst damit, den Rucola zu waschen und abtropfen zu lassen. Die Erdbeeren ebenfalls waschen und in Viertel schneiden.
2. Vermische nun das Öl mit dem Essig, etwas Salz und Pfeffer zu einem Dressing.
3. Gib nach und nach noch den Rucola und die Erdbeeren unter und lasse alles gut durchziehen.
4. Richte den Salat nun auf vier Tellern an und garniere alles mit den Walnusskernen. Für das endgültige Topping noch den Frischkäse in kleinen Flocken darüber verteilen, mit etwas Leinsamen bestreuen und genießen.

Tipp:

Für diesen Salat kannst Du zum Beispiel auch andere Obstsorten verwenden wie Wassermelone oder auch Heidelbeeren.

Leichter Tomaten-Rotkohl-Salat

367 kcal | 16 g Kohlenhydrate | 6 g Eiweiß | 29 g Fett

4 Port. | 15 Min. | leicht

Zutaten:

- 200 g Kirschtomaten
- 1 Salatgurke
- 4 EL Apfelessig
- 100 g Pinienkerne
- 400 g Rotkohl
- 4 EL Leinöl
- 200 g Möhren
- Meersalz & Pfeffer

Zubereitung:

1. Wasche zuerst die Salatgurke, halbiere sie längs und schneide sie in Scheiben. Zusammen mit dem Salz die Gurkenscheiben in eine Schüssel geben und etwas ziehen lassen.
2. Röste in der Zwischenzeit die Pinienkerne ohne Öl etwas an.
3. Die Möhren schälen und raspeln. Widme Dich nun dem Rotkohl und teile diesen in Blätter. Entferne die harten Mittelrippen. Die Blätter waschen und anschließend klein schneiden.
4. Wasche nun auch die Tomaten und schneide sie in Viertel. Die Möhren zusammen mit dem Rotkohl in der Salatschüssel vermischen.
5. Für das Dressing nun das Öl mit dem Salz, dem Essig und etwas Pfeffer verrühren. Die Gurkenscheiben ausdrücken und zu dem Möhren-Rotkohl-Salat geben. Alles gut miteinander vermengen.
6. Gib nun das Dressing über den Salat und garniere alles mit den gerösteten Pinienkernen. Lege noch die Tomaten darauf und serviere den frischen Salat.

Salat 1001-Nacht

305 kcal | 34 g Kohlenhydrate | 13 g Eiweiß | 11 g Fett

4 Port. 20 Min. leicht

Zutaten:

- 2 EL Olivenöl
- 2 Auberginen
- 400 g fettarmer Naturjoghurt
- 2 Knoblauchzehen
- 2 Gläser Kichererbsen
- Meersalz & Pfeffer
- 2 TL gemahlene Kurkuma
- 500 g Kirschtomaten

Zubereitung:

1. Beginne zuerst mit den Auberginen und schäle sie. Anschließend halbieren und in Würfel schneiden.
2. Erhitze in einer Pfanne nun das Öl und dünste darin die Auberginenwürfel für 12 - 15 Minuten unter ständigem Rühren.
3. Gieße dann die Kichererbsen ab und spüle sie kurz durch. Anschließend in eine Salatschüssel geben.
4. Die Tomaten waschen, halbieren und zu den Kichererbsen geben.
5. Würze nun die Auberginenwürfel mit Kurkuma, etwas Salz und Pfeffer und gib alles zu den Kichererbsen hinzu. Vermenge alles gründlich miteinander und würze nochmals mit Pfeffer und Salz nach.
6. Für das Dressing den Joghurt in eine Schale geben. Den Knoblauch schälen, auspressen und unter den Joghurt mengen. Alles mit Pfeffer und Salz abschmecken und über den Salat geben.
7. Richte zuletzt alles auf Tellern an und genieße Deinen Salat.

Tipp:

Variiere doch bei diesem Salat einmal die Zutaten. Hierzu eignen sich besonders Zucchini oder auch Paprika, ganz nach Deinen Vorlieben oder was Deine Familie gerne isst.

Fenchel-Grapefruit-Salat

439 kcal | 38 g Kohlenhydrate | 8 g Eiweiß | 28 g Fett

4 Port. | 15 Min. | leicht

Zutaten:

- 4 EL Apfelessig
- 4 EL Walnussöl
- Meersalz & Pfeffer
- 4 Fenchel-Knollen
- 4 Grapefruits
- 80 g Walnusskerne

Zubereitung:

1. Beginne damit den Fenchel zu putzen: Entferne das Grün, hacke es fein und stelle es zunächst einmal zur Seite. Halbiere die Fenchelknollen in der Mitte und dünste sie in einem Topf mit Wasser rund 15 Minuten lang. Anschließend vom Herd nehmen und auskühlen lassen.
2. In der Zwischenzeit nun die Grapefruits schälen, die Haut entfernen und die Früchte in Spalten teilen.
3. Für das Dressing nun das Walnussöl mit dem Apfelessig, ein wenig Pfeffer und einer Prise Salz verrühren.
4. Schneide den gegarten Fenchel nun in feine Streifen und richte ihn zusammen mit den Grapefruit-Spalten auf zwei Tellern an.
5. Gib das Dressing darüber und garniere zum Schluss noch mit den Walnusskernen sowie dem Fenchelgrün.

Joghurt-Brokkoli-Salat mit fruchtiger Note

363 kcal | 28 g Kohlenhydrate | 10 g Eiweiß | 22 g Fett

4 Port. 15 Min. leicht

Zutaten:

- 2 TL Ahornsirup
- 2 Äpfel
- 50 g Radieschensprossen
- 100 g Walnusskerne
- Meersalz & Pfeffer
- 500 g Brokkoli
- 4 EL fettarmer Naturjoghurt
- 4 EL Olivenöl extra nativ
- 4 EL Saft einer Bio-Zitrone

Zubereitung:

1. Hacke zunächst einmal die Walnüsse grob und röste sie fettfrei in einer Pfanne goldgelb. Putze dann den Brokkoli und entferne die Röschen vom Stil. Hacke die Röschen dann ganz fein und ebenso die Brokkoli-Stiele.
2. Wasche nun die Äpfel, viertele ihn und befreie ihn vom Kerngehäuse. Schneide zunächst einmal die Apfelviertel in dünne Spalten und dann in feine Stifte. Vermische die Apfelstifte mit den Walnüssen und dem Brokkoli in einer großen Küchenschüssel.
3. Nun das Olivenöl mit dem Zitronensaft, dem Ahornsirup, dem Naturjoghurt, einer Prise Salz und Pfeffer vermischen: Rühre kräftig um, bis ein cremiges Dressing entsteht.
4. Träufele dieses dann über den Salat und lass ihn eine gute Viertelstunde lang durchziehen.
5. Richte den Salat dann auf vier Tellern an und bestreue ihn noch mit den Sprossen.

Tipp:

Wer keinen rohen Brokkoli mag, kann die kleinen Brokkolistücke mit etwas Öl für 1 – 2 Minuten auch anbraten, abkühlen lassen und dann für das Rezept verwenden.

Oliven-Tomaten-Salat

260 kcal | 11 g Kohlenhydrate | 3 g Eiweiß | 21 g Fett

4 Port. | 15 Min. | leicht

Zutaten:

- 8 Stängel frisches Basilikum
- 500 g Kirschtomaten
- 2 EL Olivenöl extra nativ
- 2 EL Aceto Balsamico (ohne Zucker)
- Meersalz & Pfeffer
- 1 TL getrockneter Thymian
- 2 weiße Küchenzwiebeln
- 80 g schwarze, entsteinte Oliven
- 1 TL getrockneter Oregano

Zubereitung:

1. Zuerst die Tomaten waschen und in der Mitte durchschneiden.
2. Schäle anschließend die Küchenzwiebeln und schneide sie in kleine Würfel. Gib beides in eine Rührschüssel und füge nach und nach Essig, Pfeffer, Salz und Olivenöl hinzu. Alles gut miteinander vermengen.
3. Anschließend ebenfalls das Basilikum kurz waschen und in Stückchen schneiden.
4. Die Oliven etwas kleiner schneiden und mit den Kräutern würzen.
5. Die Kräuter-Mischung, unter die Tomaten-Zwiebel-Salat heben, gut miteinander vermengen und servieren.

Frühlingssalat mit Avocado

667 kcal | 2 g Kohlenhydrate | 9 g Eiweiß | 66 g Fett

4 Port. 15 Min. leicht

Zutaten:

- 4 EL Olivenöl Extra Nativ
- 4 EL Senf (ohne Zucker)
- 4 Avocados
- Saft von 1 Bio-Zitrone
- Frische Schnittlauchröllchen
- 4 Bio-Eier
- 2 Feldsalate
- Meersalz & Pfeffer

Zubereitung:

1. Koche zuerst die Eier 6 - 9 Minuten lang. Die Schale anschließend entfernen und die gekochten Eier in Scheiben schneiden.
2. Die Avocados halbieren, entkernen und das Fruchtinnere herausnehmen und klein schneiden.
3. Den Zitronensaft mit Salz, Olivenöl, Pfeffer und Senf verrühren.
4. Die beiden Feldsalate waschen und das Zitronen-Senf-Dressing darüber geben und vermengen.
5. Die restlichen Zutaten zu dem Salat hinzufügen und servieren.

Tomaten-Salat mit Quinoa

306 kcal | 40 g Kohlenhydrate | 8 g Eiweiß | 11 g Fett

4 Port. 20 Min. leicht

Zutaten:

- 1 Bund frische Petersilie
- 4 EL Tomatenmark (ohne Zucker)
- 6 Strauchtomaten
- 600 ml Gemüsebrühe
- 2 TL gemahlener Kümmel
- 1 Bio-Zitrone
- 200 g Quinoa
- Meersalz & Pfeffer
- 1 TL Chilipulver
- 2 EL Olivenöl extra nativ
- 2 TL Paprikapulver, edelsüß

Zubereitung:

1. Beginne damit die Quinoa zu waschen und in einem Sieb abtropfen zu lassen. Bringe anschließend die Brühe bei mittlerer Hitze in einem Kochtopf zum Kochen.
2. Die Quinoa hinzugeben und für 10 Minuten bei geringer Temperatur köcheln lassen. Anschließend etwas auskühlen lassen.
3. In der Zwischenzeit Petersilie und Tomaten waschen und klein schneiden.
4. Presse die Zitrone aus und vermenge den Saft mit dem Tomatenmark und dem Olivenöl.
5. Gieße den Zitronensaft anschließend über der Quinoa und füge die Petersilien-Tomaten-Mischung hinzu.
6. Würze zum Schluss noch alles mit Pfeffer, Paprikapulver, Salz, Kümmel und Chilipulver und richte den Salat auf Tellern an.

Griechischer Apfelsalat

198 kcal | 9 g Kohlenhydrate | 11 g Eiweiß | 13 g Fett

4 Port. | 10 Min. | leicht

Zutaten:

- 12 Halloumi-Scheiben (5 mm dick)
- 1 Prise Ceylon-Zimt
- 4 Äpfel

Zubereitung:

1. Wasche zuerst die Äpfel, entferne den Deckel und löse das Kerngehäuse heraus. Anschließend in Scheiben schneiden.
2. Lege den geschnittenen Apfel und den Halloumi in eine heiße Pfanne. Erhitze alles solange, bis beides eine Karamell-Farbe bekommt. Achte darauf, dass das Fett aus dem Halloumi die Apfelscheiben umhüllt, indem Du alles zwischendurch immer schwenkst.
3. Würze zum Schluss alles mit Zimt und serviere den heißen Halloumi-Apfel-Snack.

Suppen & Eintöpfe

Suppen & Eintöpfe sind schnell und einfach zubereitet. Hiervon kannst Du auch größere Mengen kochen und davon auch zwei Tage essen. Alternativ kannst Du die Suppen & Eintöpfe in einer Tupperdose auch einfrieren. So brauchst Du sie nur aufzutauen und aufzukochen.

Suppen sind zudem sehr gesund. Sie versorgen Deinen Körper mit reichlich Flüssigkeit und tun auch dem Darm richtig gut. Die Verdauungsprozesse können besser ablaufen und der Körper wird mit einer Vollladung an wertvollen Nähr- und Vitalstoffen versorgt.

Hier gibt es viele verschiedene und sehr gesunde Variationen, die angenehm wärmend und auch sättigend sind.
Finde Deine Lieblings-Suppenrezepte und probiere auch gerne eigene Kreationen aus. Lass es Dir richtig gut schmecken und vergiss nicht: Immer schön für Abwechslung sorgen. So macht gesunde Ernährung Freude!

Leichte Brokkoli-Suppe

441 kcal | 44 g Kohlenhydrate | 20 g Eiweiß | 18 g Fett

4 Port. 15 Min. leicht

Zutaten:

- 2 TL getrockneter Thymian
- 40 g Blauschimmelkäse
- 120 g rote Zwiebeln, in Scheiben geschnitten
- 8 Basilikumblätter
- 4 TL Olivenöl
- 200 g weiße Bohnen aus der Dose, abgetropft
- 2 l Gemüsebrühe
- 500 g Brokkoli, in Röschen geschnitten und mit Stiel
- 2 Knoblauchzehe, in Scheiben geschnitten
- 120 g Stangensellerie, in Scheiben geschnitten

Zubereitung:

1. Erhitze in einem Topf 2 TL Olivenöl und dünste darin den Sellerie mit dem Knoblauch, den Zwiebeln, dem Thymian und dem Brokkoli bei mittlerer Hitze 3 Minuten an.
2. Gib die Gemüsebrühe und die Bohnen hinzu und lasse alles für 30 Minuten bei schwacher Hitze köcheln.
3. Zum Schluss noch den Blauschimmelkäse hinzugeben.
4. Nimm alles aus dem Topf und richte es auf einem Teller an.
5. Die Suppe mit dem Basilikum garnieren und das restliche Öl darüber träufeln.

Gemischte Gemüse-Suppe

235 kcal | 32 g Kohlenhydrate | 7 g Eiweiß | 6 g Fett

4 Port. | 30 Min. | leicht

Zutaten:

- 2 rote Zwiebeln
- 2 Karotten
- 1 Bund frische Petersilie
- Frisch gemahlener schwarzer Pfeffer
- 2 Stangen Lauch
- 2 EL Olivenöl
- 120 g Buchweizen
- 1,2 l natürliche Gemüsebrühe

Zubereitung:

1. Schäle zuerst die Zwiebeln und schneide sie in kleine Würfel.
2. Den Lauch waschen und in Ringe schneiden.
3. Die Karotten schälen und ebenfalls klein schneiden.
4. Erhitze in einem großen Topf nun das Öl und dünste darin den Lauch, die Zwiebel und die Karotte für 5 Minuten an.
5. Gib noch den Buchweizen hinzu und lösche alles mit der Brühe ab.
6. Die Suppe nun zugedeckt bei niedriger Temperatur 20 Minuten köcheln lassen.
7. Wasche in der Zwischenzeit die Petersilie und hacke sie klein. Die Suppe zum Schluss mit etwas Pfeffer abschmecken und in Suppenschälchen füllen.
8. Die Petersilie als Garnitur über die Suppe geben und genießen.

Suppe „Bella Italia"

247 kcal | 7 g Kohlenhydrate | 14 g Eiweiß | 16 g Fett

4 Port. 15 Min. leicht

Zutaten:

- 2 weiße Küchenzwiebeln
- Meersalz & Pfeffer
- 2 Mozzarella-Bälle
- 2 EL Olivenöl
- 2 TL gehacktes Basilikum
- 2 Dosen geschälte Tomaten
- 2 TL Tomatenmark (ohne Zucker)
- 1 l natürliche Gemüsebrühe

Zubereitung:

1. Schäle in einem ersten Schritt die Zwiebeln und schneide sie in Würfel.
2. Erhitze in einem großen Topf das Olivenöl und schwitze die Zwiebel-Würfel darin an.
3. Gib das Tomatenmark, die Brühe, die geschälten Tomaten und das Basilikum hinzu und lasse die Suppe 10 Minuten köcheln.
4. In der Zwischenzeit kannst Du den Mozzarella abtropfen lassen und in Würfel schneiden.
5. Nimm nach der Kochzeit die Suppe vom Herd und püriere sie cremig. Mit Pfeffer und Salz würzen und nach Deinem Geschmack abschmecken.
6. Die Mozzarella-Würfel in die Suppe geben und genießen.

Zuckerfreie Minestrone

302 kcal | 32 g Kohlenhydrate | 17 g Eiweiß | 10 g Fett

4 Port. | 15 Min. | leicht

Zutaten:

- 2 weiße Küchenzwiebeln
- 4 Karotten
- 4 Knoblauchzehen
- 4 Stangen Staudensellerie
- 2 EL geriebener Parmesan
- 400 g Wirsing
- Meersalz & Pfeffer
- 4 Zweige Salbei
- 1 Bund Petersilie
- 2 EL Olivenöl
- 500 g gekochte weiße Riesenbohnen (Dose)
- 2 Dosen stückige Tomaten
- 2 l natürliche Gemüsebrühe

Zubereitung:

1. Widme Dich zuerst dem Knoblauch und der Zwiebel. Beides schälen und in Würfel schneiden.
2. Den Sellerie waschen und in Scheiben schneiden.
3. Die Karotten ebenfalls waschen und in Scheiben schneiden.
4. Wasche ebenfalls den Wirsing und schneide diesen klein.
5. Den frischen Salbei waschen, trocken schütteln und in kleine Stücke hacken.
6. Erhitze in einem Topf das Olivenöl und dünsten darin Knoblauch, Zwiebel, Sellerie und Karotte 5 Minuten lang an.
7. Die Gemüsebrühe mit den Bohnen, dem Wirsing, den Tomaten und dem Salbei hinzugeben und für 15 Minuten köcheln lassen.
8. Die frische Petersilie waschen und klein hacken.
9. Die Minestrone ganz nach Deinem Geschmack mit Pfeffer und Salz würzen und auf Suppenschüsseln verteilen.
10. Den Parmesan und die Petersilie als Highlight darüber streuen und servieren.

Tipp:

Anstelle vom Wirsing kannst Du auch Grünkohl verwenden.

Griechische Sellerie-Suppe mit Schafskäse

327 kcal | 8 g Kohlenhydrate | 19 g Eiweiß | 23 g Fett

4 Port. 15 Min. leicht

Zutaten:

- 2 Knoblauchzehen
- 4 Schalotten
- 600 g Brokkoli
- Meersalz & Pfeffer
- 2 Stangen Staudensellerie
- 1 l natürliche Gemüsebrühe
- 2 EL Kokosöl
- 200 g griechischer Joghurt
- 200 g Schafskäse

Zubereitung:

1. Beginne zuerst damit, den Knoblauch und die Schalotten zu schälen und kleinzuhacken.
2. Den Sellerie und den Brokkoli waschen und klein schneiden.
3. Erhitze in einem Topf das Kokosöl und dünste darin Brokkoli, Staudensellerie, Knoblauch und Schalotten 2 Minuten lang an.
4. Lösche alles mit der Brühe ab und lasse die Suppe 7 Minuten köcheln.
5. Den Topf von der Kochstelle nehmen und die Suppe cremig pürieren.
6. Den Feta etwas zerbröseln und zusammen mit dem griechischen Joghurt in die Suppe geben. Nochmals alles pürieren und mit Pfeffer und Salz abschmecken.
7. Suppe nun auf Suppenteller verteilen und sofort warm servieren.

Tipp:

Für etwas Abwechslung kannst Du auch einen Blumenkohl anstelle des Brokkoli verwenden. Probiere auch hier gerne ein paar Varianten aus, die Dir schmecken und lass Deiner Kreativität freien Lauf.

Deftiger Kartoffel-Eintopf

345 kcal | 58 g Kohlenhydrate | 10 g Eiweiß | 7 g Fett

4 Port. 15 Min. leicht

Zutaten:

- 8 Stängel Petersilie
- 2 weiße Küchenzwiebeln
- Meersalz & Pfeffer
- 700 g festkochende Kartoffeln
- 1 Stange Lauch
- 300 g Möhren
- 1,2 l natürliche Gemüsebrühe
- 1 EL Olivenöl
- 200 g Grünkern

Zubereitung:

1. Beginne damit, die Möhren und die Kartoffeln zu schälen und in Würfel zu schneiden.
2. Die Zwiebeln ebenfalls schälen und hacken.
3. In einem Topf das Olivenöl erhitzen und Möhren, Zwiebel und Kartoffeln 3 Minuten anschwitzen.
4. Gib nun den Grünkern dazu und lösche alles mit der Gemüsebrühe ab.
5. Den Eintopf jetzt für 30 Minuten köcheln lassen.
6. In der Zwischenzeit kannst Du Dich dem Lauch widmen. Wasche diesen gründlich ab und schneide ihn in Ringe.
7. Kurz vor dem Ende der Kochzeit, etwa 10 Minuten davor, den Lauch zu dem Eintopf geben und mit köcheln lassen.
8. Die Petersilie waschen und klein hacken.
9. Den Eintopf mit Pfeffer und Salz ganz nach Deinem Geschmack würzen.
10. Die Petersilie zum Schluss auf den Eintopf streuen und servieren.

Familien-Star „Paprika-Spinat-Eintopf mit Kichererbsen"

545 kcal | 35 g Kohlenhydrate | 24 g Eiweiß | 33 g Fett

4 Port. 20 Min. leicht

Zutaten:

- 2 EL Kokosöl
- 200 g getrocknete Kichererbsen
- 2 Knoblauchzehen
- 1 gelbe Paprikaschote
- 2 Schalotten
- 800 g Strauchtomaten
- 250 g Blattspinat
- 2 TL Kreuzkümmelsamen
- 8 Stängel Petersilie
- 80 g Erdnusskerne
- 2 TL Paprikapulver, edelsüß
- 200 ml natürliche Gemüsebrühe
- 1 TL Chilipulver
- 4 EL Erdnussmus
- Meersalz & Pfeffer

Zubereitung:

1. Lasse die Kichererbsen über Nacht in ausreichend Wasser einweichen.
2. Am nächsten Tag abgießen, abspülen und in einem Topf mit Wasser zum Kochen bringen. Sobald die Kichererbsen kochen die Hitze reduzieren und für 45 - 60 Minuten köcheln lassen. Anschließend in einem Sieb abtropfen lassen.
3. Wasche die Paprikaschote, entferne die Kerne und die Trennhäute. Anschließend in Würfel schneiden.
4. Die Tomaten waschen und ebenfalls klein würfeln.
5. Den Spinat waschen und trocken schleudern.
6. Den Knoblauch und die Schalotten schälen und fein hacken.
7. Erhitze in einem Topf das Kokosöl und dünste darin Paprika, Knoblauch, Schalotten, Erdnusskerne und Kreuzkümmel an.
8. Gib die Tomaten hinzu und lösche alles mit der Brühe ab. Für 5 Minuten köcheln lassen.
9. Die Kichererbsen und das Erdnussmus unter den Eintopf rühren.
10. Den Spinat hinzugeben und alles für weitere 5 Minuten köcheln lassen.
11. Würze den Eintopf ganz nach Deinem Geschmack mit Pfeffer, Salz, Paprikapulver und Chilipulver.
12. Die Petersilie waschen und klein hacken. Anschließend über den Eintopf streuen und alles noch warm servieren.

Hinweis:

Zusätzlicher Zeitaufwand: Die Kichererbsen sollten über Nacht im Kühlschrank einweichen.

Fruchtige Tomatensuppe aus dem Ofen

305 kcal | 17 g Kohlenhydrate | 6 g Eiweiß | 21 g Fett

4 Port. | 25 Min. | leicht

Zutaten:

- 1,6 l natürliche Gemüsebrühe
- 2 kg Strauchtomaten
- Meersalz & Pfeffer
- 4 rote Paprikaschoten
- 4 EL Olivenöl
- 1 rote Chilischote
- 4 Knoblauchzehen
- 4 weiße Küchenzwiebeln
- 8 Thymianzweige

Zubereitung:

1. Wasche zuerst die Tomaten, entferne die Stielansätze und schneide sie in Viertel.
2. Die Paprikaschoten waschen, halbieren und die Kerne und Trennhäute herauslösen. Anschließend klein schneiden.
3. Die Kerne der Chilischote entfernen und waschen.
4. Den Knoblauch und Zwiebeln schälen und vierteln.
5. Lege ein Backblech mit Backpapier aus.
6. Vermenge das gerade geschnittene Gemüse nun mit dem Olivenöl.
7. Lege das Gemüse auf das Backblech, würze es etwas mit Salz und Pfeffer und gebe das Gemüse bei 175 Grad für 30 Minuten in dem Ofen.
8. Stelle nach 15 Minuten noch einen Topf ohne Deckel mit der Gemüsebrühe in den Ofen.
9. Nach der Backzeit den Gemüsebrühe-Topf aus dem Ofen nehmen. Das Gemüse hinzugeben und alles zu einer Creme-Suppe pürieren.
10. Schmecke die Suppe mit Pfeffer und Salz ab.
11. Den Thymian waschen, klein schneiden und zur Suppe geben.
12. Richte alles in Schälchen an und genieße die frische Tomatensuppe.

Garnelen-Kartoffel-Suppe

315 kcal | 29 g Kohlenhydrate | 20 g Eiweiß | 12 g Fett

4 Port. 25 Min. leicht

Zutaten:

- 4 EL Olivenöl
- 300 g TK-Garnelen (küchenfertig)
- 2 Knoblauchzehen
- 800 g mehligkochende Kartoffeln
- 600 g Kohlrabi
- 1 TL geriebene Muskatnuss
- 1,5 l natürliche Gemüsebrühe
- 4 EL Gartenkresse
- Meersalz & Pfeffer

Zubereitung:

1. Lasse die Garnelen zuerst 1 - 3 Stunden auftauen.
2. Die Kartoffeln und den Kohlrabi schälen und in Würfel schneiden.
3. Den Knoblauch und die Zwiebel ebenfalls schälen und fein hacken.
4. Erhitze in einem Topf 1 EL Öl und dünste darin den Knoblauch und die Zwiebel an. Nun die Kartoffeln und den Kohlrabi hinzugeben und alles zusammen anschwitzen.
5. Lösche alles mit der Gemüsebrühe ab und lass die Suppe für 20 Minuten köcheln. Anschließend pürieren und mit Pfeffer, Salz und Muskatnuss würzen.
6. Erhitze das restliche Öl in einer Pfanne und brate die Garnelen von beiden Seiten für 3 Minuten an. Mit Pfeffer und Salz würzen.
7. Die Kresse etwas waschen.
8. Richte die Suppe auf Schüsseln an. Die Garnelen darüber geben und mit der Kresse servieren.

Herbstliche Pilz-Suppe

220 kcal | 13 g Kohlenhydrate | 5 g Eiweiß | 16 g Fett

4 Port. 40 Min. leicht

Zutaten:

- 10 g gehackte Petersilie
- 250 g Champignons
- Meersalz & Pfeffer
- 2 weiße Küchenzwiebeln
- 100 ml Sahne
- 3 EL Olivenöl
- 4 EL Dinkelmehl
- 1 l natürliche Gemüsebrühe

Zubereitung:

1. Putze als Erstes die Champignons und schneide sie in Scheiben.
2. Die Zwiebeln schälen und fein hacken.
3. Erhitze in einem Topf das Olivenöl und dünsten darin die Zwiebeln glasig an.
4. Gib die Champignons hinzu und lasse alles zusammen anschwitzen.
5. Das Dinkelmehl darüber streuen, kurz anschwitzen und mit der Brühe ablöschen.
6. Die Suppe für 20 Minuten köcheln lassen.
7. Püriere die Suppe mit einem Pürierstab cremig. Rühe nun die Sahne unter und würze alles mit Pfeffer und Salz nach Deinem Geschmack.
8. Die frische Suppe auf Schüsseln verteilen. Die Petersilie darüber streuen und servieren.

Marokkanischer Kichererbseneintopf

416 kcal | 61 g Kohlenhydrate | 17 g Eiweiß | 8 g Fett

4 Port. 35 Min. leicht

Zutaten:

- 4 Zehen Knoblauch
- 2 Dose Kichererbsen
- 2 Knolle Fenchel
- 2 Süßkartoffeln
- 1 kleines Stück Ingwer (ca. 1 cm groß)
- 2 Zwiebel
- ½ Bund Petersilie, gehackt
- 1 gelbe Paprika
- 1 Zucchini
- 1 Bio-Orange
- 1 Liter natürliche Gemüsebrühe
- 4 EL Tomatenmark
- 1 EL Rapsöl
- 1 TL Zimt
- ½ TL Chiliflocken
- Prise Salz
- Prise Pfeffer

Zubereitung:

1. Schäle den Ingwer, die Zwiebeln und den Knoblauch und hacke sie in kleine Stücke.
2. Entkerne als Nächstes die Paprika und schäle die Süßkartoffeln. Würfele beides in kleine Stücke.
3. Halbiere nun die gewaschene Zucchini und schneide sie anschließend in feine Scheiben.
4. Wasche als Nächstes die Orange mit heißem Wasser und reibe die Schale ab und presse die Frucht aus.
5. Dünste die Ingwer-, Zwiebel- und Knoblauchstücke in einer Pfanne an und füge das restliche Gemüse und die Gewürze hinzu.
6. Gib nun nach 5 Minuten die Gemüsebrühe und das Tomatenmark hinzu. Lasse alles für 15 Minuten auf kleiner Stufe kochen.
7. Füge nun die abgespülten Kichererbsen hinzu und lass alles für 5 Minuten garen. Am Ende wird der Eintopf mit der gehackten Petersilie, der abgeriebenen Orangenschale und den Saft der Orange abgerundet.

Fingerfood & Snacks

Jeder von uns kennt ihn nur allzu gut: Den kleinen Hunger zwischendurch. Vor allem im stressigen Alltag überfällt er uns in regelmäßigen Abständen und so greift man gerne schnell in die Süßigkeiten-Schublade! Was die Kleinen uns gerne nachmachen. Doch das muss keinesfalls sein, wenn Du richtig vorgeplant hast.

In diesem Kapitel findest Du geschmackvolle und zudem sehr gesunde Snacks, die perfekt in Deine zuckerfreie Ernährung passen. So kannst Du und Deine Familie ohne schlechtes Gewissen auch zwischendurch mal einen Happen genießen und neue Kraft für Deinen Alltag tanken.

Snacks kannst Du unkompliziert und schnell zubereiten und auch sehr bequem mitnehmen. Dir fehlt nur noch die nötige Inspiration?

Na, dann losgeht es mit dem nächsten Kapitel.

Lass es Dir schmecken!

Kräuter-Erdnuss-Snack

394 kcal | 35 g Kohlenhydrate | 67 g Eiweiß | 24 g Fett

250 g | 10 Min. | leicht

Zutaten:

- 1 TL Paprikapulver
- 250 g Erdnüsse (bereits blanchiert)
- 1 EL Kokosöl
- 1 TL Oregano
- 1 TL getrockneter Thymian
- 1 TL Chilipulver
- 1 TL Salz

Zubereitung:

1. Für den Nuss-Mix als Erstes alle Zutaten miteinander vermischen.
2. Lege ein Backblech mit Backpapier aus und gib die Erdnuss-Mischung darauf.
3. Lasse nun bei 160 Grad im Backofen alles kurz anrösten. Anschließend herausnehmen und etwas auskühlen lassen.
4. Du kannst dann den Nuss-Mix für später in einem luftdicht verschlossenen Glas aufbewahren oder den Snack sofort genießen. Die Nüsse sind ungefähr 2 - 3 Tage haltbar.

Tomaten-Auberginen Fingerfood

175 kcal | 12 g Kohlenhydrate | 4 g Eiweiß | 12 g Fett

4 Port. | 10 Min. | leicht

Zutaten:

- 150 g Staudensellerie
- 500 g Auberginen
- 1 rote Zwiebel
- 50 ml Apfelessig
- Etwas Salz und Pfeffer
- 3 Basilikumstängel
- 2 EL Olivenöl
- 250 g Fleischtomaten

Zubereitung:

1. Beginne in einem ersten Schritt damit, die Auberginen zu schälen und in Würfel zu schneiden. Dann in eine Schüssel geben und mit Pfeffer und Salz würzen und kurz durchziehen lassen.
2. Schäle nun die Zwiebel und schneide sie in kleine Würfel. Den Staudensellerie ebenfalls waschen und klein schneiden. Die Tomaten waschen und vierteln.
3. Das Basilikum als Nächstes waschen und 2 Stiele hacken und den dritten zur Seite legen.
4. Erhitze in einem Topf das Öl und dünste die Zwiebeln und den Sellerie an. Nach und nach noch die Auberginen, Tomaten, Basilikum und Essig hinzugeben und 10 Minuten köcheln lassen.
5. Zum Schluss alles mit Pfeffer und Salz würzen und den restlichen Basilikumzweig darüberlegen und servieren.

Kernige Cracker

82 kcal | 8 g Kohlenhydrate | 2 g Eiweiß | 4 g Fett

40 Stück | 10 Min. | leicht

Zutaten:

- 50 g Kürbiskerne
- 80 g Sonnenblumenkerne
- 35 g Sesamsamen
- 150 ml Wasser
- 1 EL Olivenöl extra nativ
- 200 g Buchweizenmehl

Zubereitung:

1. Alle Zutaten in eine Schüssel geben und vermengen. Für 30 Minuten mit Frischhaltefolie bedeckt stehen lassen.
2. Nimm den Teig dann heraus und knete ihn etwas durch. Gib nun ein wenig Wasser hinzu, falls es nötig sein sollte. Den Teig dann auf einer Arbeitsfläche ausrollen, sodass dieser ungefähr 2 mm dick ist. Aus dem Teig Cracker ausstechen und für 20 Minuten bei 160 Grad im Ofen backen.
3. In einem luftdichten Behälter sind die Cracker bis zu 7 Tage lang haltbar.

Frisches Pesto mit Aubergine

354 kcal | 21 g Kohlenhydrate | 30 g Eiweiß | 14 g Fett

4 Port. 15 Min. leicht

Zutaten:

- 2 EL Olivenöl
- Saft von 1 Bio-Zitrone
- 100 ml Wasser
- 40 g rote Zwiebeln, in Scheiben geschnitten
- 10 ml Balsamico-Essig
- 40 g geriebener Parmesan
- 140 g Rucola
- 10 ml Rotweinessig
- 40 g Walnüsse
- 40 g Petersilie
- 200 g Datteltomaten
- 2 Auberginen (geviertelt)

Zubereitung:

1. Zuerst die Walnüsse, den Parmesan, die Petersilie, das Öl und den Saft der Zitronenhälfte in einem Multi-Zerkleinerer pürieren.
2. Wasser nach und nach hinzugeben und dann alles zur Seite stellen.
3. Anschließend die Auberginen mit etwas Pesto bestreichen und für 30 Minuten bei 200 Grad backen.
4. Währenddessen die Zwiebeln mit dem Rotweinessig bedecken und ebenfalls 30 Minuten ziehen lassen. Vor dem Servieren den Essig abgießen. Zu den Zwiebeln nun Rucola und Tomaten rühren und mit dem Balsamico-Essig übergießen.
5. Das restliche Pesto auf der Aubergine verteilen und zusammen mit dem Tomaten-Rucola-Salat servieren und genießen.

Snack-Bällchen für zwischendurch

82 kcal | 3 g Kohlenhydrate | 2 g Eiweiß | 6 g Fett

4 Port. 15 Min. leicht

Zutaten:

- 12 EL Kokosraspeln
- 24 Datteln
- 300 g gemahlene Mandeln
- 2 EL Chiasamen
- 6 EL Mandelmus
- 2 EL Kakaopulver (Backkakao)

Zubereitung:

1. Vermische erst einmal die Mandeln mit den Kokosflocken sowie den Chiasamen und mixe in der Küchenmaschine alles gut durch.
2. Füge anschließend das ungesüßte Backkakaopulver, das Mandelmus und ungefähr die Hälfte der Datteln hinzu. Mixe alles weiterhin gründlich durch und gib vorsichtig und schrittweise auch noch die restlichen Datteln hinzu.
3. Forme anschließend mit den Händen aus dieser Masse 40 Kugeln und wälze die energiereichen Bällchen in den Kokosraspeln.

Himbeer-Kakao-Bällchen

107 kcal | 13 g Kohlenhydrate | 2 g Eiweiß | 5 g Fett

4 Port. 15 Min. leicht

Zutaten:

- 250 g Himbeeren
- 30 g Kakaopulver (Backkakao)
- 400 g entsteinte Datteln
- 240 g Cashewkerne
- 60 g Kakao-Nibs

Zubereitung:

1. Wasche als Erstes die Himbeeren.
2. Gib nun die Beeren zusammen mit den Datteln, dem Kakaopulver und den Cashewkernen in einen Multi-Zerkleinerer. Püriere alles fein. Misch die Kakao-Nibs unter und vermenge nochmals alles miteinander.
3. Forme aus dieser Masse nun 24 Bällchen. Stelle sie bis zum Servieren in den Kühlschrank.

Tipp:

Diese Bällchen sind ein idealer zuckerfreier Snack für die ganze Familie. Du kannst anstelle der Himbeeren auch Heidelbeeren oder Kirschen verwenden.

Orientalisches Chutney

41 kcal | 3 g Kohlenhydrate | 1 g Eiweiß | 3 g Fett

4 Port. 15 Min. leicht

Zutaten:

- 4 Knoblauchzehen
- 2 Ingwerstücke (4 cm)
- 2 grüne Chilischoten
- 1 Bio-Limette
- 100 g frische Minze
- 2 EL Kokosblütenzucker
- 4 EL Olivenöl
- Meersalz & Pfeffer
- 2 Frühlingszwiebeln

Zubereitung:

1. Putze und wasche erst einmal die Frühlingszwiebeln und schneide vor allem den grünen Teil in Stücke.
2. Nun auch den Ingwer und die Knoblauchzehen schälen.
3. Wasche anschließend die Chilischote, schneide sie der Länge nach auf und entferne die Kerne.
4. Wasche nun auch die Limette heiß ab und reibe die Schale. Nun noch die Limette auspressen.
5. Wasche jetzt die Minze und zupfe die Blätter der Stiele.
6. Gib jetzt alle Zutaten zusammen mit dem Kokosblütenzucker, dem Olivenöl und 200 ml Wasser in einen Mixer und vermische alles zu einer homogenen Paste. Zum Schluss noch mit ein wenig Pfeffer und Salz abschmecken.
7. Fülle das Chutney in eine gut verschließbare Dose und lass es am besten einige Stunden lang durchziehen.

Tipp:

Chutneys sind nicht nur die perfekte Ergänzung für Backwaren oder Rohkost, sie eignen sich hervorragend, um Reis- oder Fleischgerichte abzurunden.

Ofen-Süßkartoffel mit pikanter Note

355 kcal | 41 g Kohlenhydrate | 6 g Eiweiß | 19 g Fett

4 Port. | 15 Min. | leicht

Zutaten:

- 2 EL Sesamsaat
- 800 g Süßkartoffeln
- 1 TL Kurkumapulver
- 4 EL Olivenöl
- 1 TL Chilipulver
- 1 TL Paprikapulver

Zubereitung:

1. Heize zunächst einmal den Backofen vor: Stelle dazu eine Temperatur von 200° Celsius Ober—und Unterhitze ein.
2. Reinige nun mit einer Bürste die Schale der Süßkartoffeln und schneide sie in dünne Scheiben.
3. Verrühre nun in einer Schüssel das Olivenöl mit dem Paprikapulver, dem Kurkumapulver, dem Chilipulver und der Sesamsaat. Wende darin nun die Süßkartoffelscheiben, bis sie vollständig vom Öl bedeckt sind.
4. Lege dann ein Backblech mit Backpapier aus und breite die Süßkartoffeln flach darauf auf.
5. Backe sie im vorgeheizten Ofen rund 10 bis 12 Minuten lang.

Nuss-Allerlei

394 kcal | 35 g Kohlenhydrate | 67 g Eiweiß | 24 g Fett

4 Port. | 15 Min. | leicht

Zutaten:

- 2 TL getrockneter Thymian
- 2 TL Chilipulver
- 2 TL Paprikapulver, edelsüß
- 500 g Erdnüsse
- 2 EL Kokosöl
- 2 TL Oregano
- 2 TL Meersalz

Zubereitung:

1. Blanchiere als Erstes die Erdnüsse in einer Pfanne, ohne eine Fettzugabe 3 - 5 Minuten an. Anschließend herausnehmen und abkühlen lassen.
2. Vermische nun alle Zutaten miteinander.
3. Gib anschließend auf einem Backblech alles für 30 Minuten bei 160 Grad in den Ofen. Anschließend abkühlen lassen und in ein luftdichtes Gefäß füllen.
4. Die Nüsse sind bis zu zwei Tage lang haltbar.

Getränke

Eine ausreichende Flüssigkeitszufuhr ist für den Körper von besonderer Bedeutung, gerade wenn man durstig ist, überkommt jemanden schnell Heißhungerattacken auf etwas Süßes.

Einfach nur pures Wasser zu trinken, ist nicht nur uns oftmals viel zu langweilig, sondern auch den Kleinen. Fruchtsäfte sind häufig keine gesunde Alternative.

Je nachdem, welche Zutaten Du für Deine Getränke verwendest, kannst Du damit viele positive Effekte erzielen. So liefert Dir frische Zitrone eine Extraportion Energie, optimiert die Stoffwechselprozesse und verbessert auch die Verdauung.

Gurken sind richtig erfrischend und vor allem an heißen Sommertagen ein echter Genuss.

In diesem Kapitel findest Du neue Inspirationen. Finde einfach Deine Lieblingszutaten heraus und verfeinere so die Getränke von Dir und Deiner Familie. Ganz egal, ob Ingwer, Zitrone, Gurke, Gewürzen, frische Kräuter oder Früchte: Deiner Kreativität sind keine Grenzen gesetzt.

Zimt-Matcha-Latte

80 kcal | 19 g Kohlenhydrate | 9 g Eiweiß | 5 g Fett

1 Port. 10 Min. leicht

Zutaten:

- 250 ml ungesüßte Mandelmilch
- 1 Sternanis
- ½ TL Matcha-Pulver
- 1 Zimtstange
- Zum Süßen etwas Ahornsirup

Zubereitung:

1. Beginne zuerst damit, in einem Topf die Mandelmilch mit der Zimtstange und dem Sternanis zu erhitzen. Lasse alles zugedeckt für etwa 5 Minuten bei geringer Hitze köcheln.
2. Nach der Kochzeit den Sternanis und die Zimtstange herausnehmen und das Matcha-Pulver hinzugeben. Nun alles mit dem Schneebesen schaumig schlagen und mit etwas Ahornsirup süßen.
3. Fülle nun alles in ein Glas und genieße Deine wohlschmeckende Latte.

Hot-Mandel-Kurkuma-Drink

135 kcal | 11 g Kohlenhydrate | 9 g Eiweiß | 5 g Fett

1 Port. 10 Min. leicht

Zutaten:

- 250 ml ungesüßte Mandelmilch
- 1 Dattel
- 1 kleines Stück Kurkuma (ca. 1 cm groß)
- 1 kleines Stück Ingwer (ca. 1 cm groß)
- ½ Vanilleschote

Zubereitung:

1. Für dieses Power-Getränk schäle zuerst die Kurkuma und den Ingwer. Anschließend beides klein hacken. Schneide nun die Vanilleschote längs auf und kratze das Mark heraus.
2. In einem Topf die Mandelmilch mit Ingwer, Kurkuma und dem Mark der Vanilleschote für 5 Minuten aufkochen lassen.
3. In der Zwischenzeit die Dattel entkernen und mit der warmen Milch pürieren. Alles in ein Glas füllen und genießen.

Red-Power-Smoothie

145 kcal | 21 g Kohlenhydrate | 3 g Eiweiß | 5 g Fett

1 Port. 10 Min. leicht

Zutaten:

- 200 g Heidelbeeren (tiefgefroren)
- 1 EL Kakao-Nibs
- 100 g Himbeeren (tiefgefroren)
- 200 g Radicchio

Zubereitung:

1. Dieses leckere Power-Getränk eignet sich besonders für den Start in den Tag. Beginne zuerst damit, den Radicchio zu waschen, den Strunk zu entfernen und die Blätter zu hacken.
2. Die gefrorenen Früchte kurz waschen und in einen Multi-Zerkleinerer geben.
3. Gib nun noch den Radicchio und die Kakao-Nibs hinzu und püriere alles zu einem leckeren Saft. Anschließend sofort in ein Glas füllen und genießen.

Grapefruit-Smoothie mit Grünkohl

135 kcal | 13 g Kohlenhydrate | 6 g Eiweiß | 6 g Fett

1 Port. 10 Min. leicht

Zutaten:

- 1 EL Cashew-Mus
- 60 g Grünkohlblätter
- 1 Dattel
- ½ Grapefruit

Zubereitung:

1. Beginne in einem ersten Schritt damit, den Grünkohl zu waschen und kleinzuhacken. Die Grapefruit schälen und die weiße Haut entfernen. Anschließend in Stücke schneiden und entkernen.
2. Entkerne als Nächstes die Dattel und schneide sie ebenfalls klein. Gib nun alle Zutaten in einen Mixer und gieße alles mit 150 ml Wasser auf.
3. Püriere nun alles zu einem Saft und genieße ihn frisch.

Detox-Smoothie

68 kcal | 4 g Kohlenhydrate | 2 g Eiweiß | 5 g Fett

1 Port. 10 Min. leicht

Zutaten:

- 1 Bio-Zitrone
- 100 g Chicorée
- 150 ml ungesüßte Mandelmilch
- 10 Blätter frisches Basilikum
- ½ TL Leinöl
- Etwas frisches Wasser (ohne Kohlensäure)
- ½ Msp. Kurkuma

Zubereitung:

1. Wasche und halbiere zuerst den Chicorée. Den Strunk entfernen und den Rest klein hacken. Die Basilikumblätter als Nächstes waschen und in einen Multi-Zerkleinerer geben.
2. Die Zitrone auspressen und ihren Saft ebenfalls in den Multi-Zerkleinerer geben. Füge noch die restlichen Zutaten hinzu und püriere alles. Du kannst je nach Konsistenz noch etwas frisches Wasser hinzugeben.

Vanille-Shake

33 kcal | 8 g Kohlenhydrate | 1 g Eiweiß | 0 g Fett

1 Port. 5 Min. leicht

Zutaten:

- 1 Prise gemahlene Vanille
- ½ TL Matcha-Pulver
- 200 ml ungesüßte Mandelmilch

Zubereitung:

1. Erhitze zuerst 50 ml Mandelmilch in einem Topf. Gib nun das Matcha-Pulver in eine Tasse und gieße die warme Milch darüber. Alles mit dem Schneebesen gut verrühren, bis eine klumpenfreie Milch entstanden ist.
2. Erhitze nun die restliche Milch in einem Topf und gib die gemahlene Vanille hinein. Alles kurz aufkochen lassen und etwas schaumig rühren.
3. Zum Schluss zur Matcha-Milch hinzugeben und servieren.

Grüner Saft

99 kcal | 15 g Kohlenhydrate | 5 g Eiweiß | 1 g Fett

1 Port. 15 Min. leicht

Zutaten:

- 1 Staudensellerie
- 75 g Grünkohl
- 30 g Rucola
- 5 g Petersilie, glatt
- 5 g Liebstöckelblätter
- ½ Apfel grün
- 1 Bio-Zitrone
- ½ TL Matcha-Pulver

Zubereitung:

1. Vermische zunächst einmal das grüne Blattgemüse mit der gehackten Petersilie und dem Liebstöckel und entsafte alles. Die Staudensellerie-Stange inkl. Blätter putzen und waschen.
2. Anschließend den halben Apfel und den Sellerie hinzugeben und ebenfalls entsaften.
3. Die Zitrone schälen und ebenfalls in den Smoothie-Maker geben.
4. Insgesamt solltest Du nun 250 Milliliter Saft haben, eventuell auch etwas mehr.
5. Gib jetzt das Matcha-Pulver kurz vor dem Servieren in den fertigen Saft und rühre es mit einem Löffelchen oder einer Gabel kräftig um.
6. Nach Belieben kannst Du Deinen grünen Saft noch mit klarem Wasser auffüllen.

Fruchtiger Vitamin-Saft

102 kcal | 16 g Kohlenhydrate | 2 g Eiweiß | 3 g Fett

1 Port. 10 Min. leicht

Zutaten:

- 1 kleines Stück Ingwer (ca. 1 cm groß)
- 30 g Grünkohl
- 100 ml frisch gepresster Orangensaft
- ½ TL Leinöl
- 100 g Erdbeeren
- 1 entsteinte Dattel
- ½ TL gemahlene Kurkuma

Zubereitung:

1. Widme Dich zuerst dem Grünkohl: Wasche ihn gründlich ab und entferne die harten Rippen. Schneide anschließend das Grün klein.
2. Die Erdbeeren waschen und zusammen mit dem Grünkohl in einen Multi-Zerkleinerer geben. Als Nächstes den Ingwer schälen, klein schneiden und zu den Erdbeeren mischen. Nun alle restlichen Zutaten ebenfalls in den Multi-Zerkleinerer füllen. Gib nun noch etwa 50 ml Wasser hinzu und püriere alles gründlich durch. Je nach Konsistenz kannst Du noch etwas Wasser hinzugeben.
3. Alles gut durchmixen und servieren.

Limetten-Trauben-Saft

110 kcal | 26 g Kohlenhydrate | 1 g Eiweiß | 1 g Fett

1 Port. 10 Min. leicht

Zutaten:

- ½ Vanilleschote
- 150 g dunkle Weintrauben
- ½ Bio-Limette
- Nach Belieben Eiswürfel oder kaltes Wasser

Zubereitung:

1. Beginne damit, die halbe Limette auszupressen. Wasche anschließend die Trauben, entferne die Stiele und schneide die Trauben klein.
2. Die Vanilleschote nun aufschneiden und das Mark entfernen.
3. Gib den Limettensaft, das Mark der Vanilleschote, die Trauben und etwas Wasser oder Eiswürfel in einen Multi-Zerkleinerer. Mixe nun alles gründlich durch und genieße anschließend Deinen frischen Limetten-Trauben-Saft.

Ingwer-Grapefruit-Saft

115 kcal | 27 g Kohlenhydrate | 2 g Eiweiß | 1 g Fett

4 Port. 10 Min. leicht

Zutaten:

- 4 rote Grapefruits
- 200 g Granatapfelkerne
- 4 TL Ahornsirup
- 1 Stück Ingwer (ca. 4 cm groß)

Zubereitung:

1. Halbiere zuerst den Granatapfel und löse die Granatapfelkerne aus der Schale.
2. Schäle nun den Ingwer und hacke diesen klein. Die Grapefruit auspressen und den Saft in einen Multi-Zerkleinerer geben. Nun noch die restlichen Zutaten hinzugeben und alles gut mixen.
3. Zum Schluss den Saft in ein Glas geben und die extra Portion für Dein Immunsystem genießen.

Minz-Erdbeer-Erfrischung

81 kcal | 13 g Kohlenhydrate | 2 g Eiweiß | 1 g Fett

4 Port. 10 Min. leicht

Zutaten:

- 2 Handvoll Minze
- ½ Bio-Zitrone
- 2 Handvoll Eiswürfel
- 4 Beutel Erdbeertee
- 400 g Erdbeeren
- 1 Zimtstange

Zubereitung:

1. Befülle einen Krug mit den Teebeuteln, dem Zimt und der Hälfte der Minze und gieße alles mit 1 Liter kochendes Wasser auf.
2. Nun müssen die Teebeutel 5 Minuten ziehen und der Tee muss ca. 2 Stunden auskühlen.
3. Wasche nun das Obst und schneide nun die Zitronen in Scheiben und halbiere die Erdbeeren.
4. Gib nun Zitronenscheiben und Erdbeeren in das Getränk und fülle die Eiswürfel hinein.

Tipp:

Du kannst anstelle der Erdbeeren auch andere Früchte nehmen. Wenn Du Dich schrittweise von süßen Getränken entwöhnen möchtest, kannst Du das erste Mal 4 TL Ahornsirup hinzugeben und bei jedem weiteren Mal um einen TL reduzieren.

Melonen-Limonade

48 kcal | 10 g Kohlenhydrate | 1 g Eiweiß | 0 g Fett

4 Port. 10 Min. leicht

Zutaten:

- 500 ml Mineralwasser mit Kohlensäure
- 500 g Wassermelone, ohne Kerne
- Crushed Ice
- 2 Bio-Limetten

Zubereitung:

1. Wasche als Erstes die Limetten mit heißem Wasser ab und presse sie aus.
2. Viertel als Nächstes das Melonenstück und löse das Fruchtfleisch heraus.
3. Gebe nun die Melonenstückchen und den Limettensaft in einen Mixer und püriere alles gut durch.
4. Gib nun das Mineralwasser sowie das Crushed Ice hinzu und genieße die erfrischende zuckerarme Limonade.

Tipp:

Für einen gewissen Frischekick sorgt noch eine halbe Handvoll Minze. Wenn Du Dich Schrittweise von süßen Getränken entwöhnen möchtest, kannst Du das erste Mal 2 TL Ahornsirup hinzugeben und bei jedem weiteren Mal um 1 TL reduzieren.

Granatapfel-Limonade

74 kcal | 16 g Kohlenhydrate | 1 g Eiweiß | 0 g Fett

4 Port. | 15 Min. | leicht

Zutaten:

- 1 Granatapfel
- 1 TL Grenadine, zuckerfrei
- 1 Handvoll Eiswürfel
- 1 kleines Stück Ingwer (ca. 1 cm groß)
- 1 Liter Mineralwasser mit Kohlensäure

Zubereitung:

1. Wasche den Granatapfel gründlich ab und löse die Kerne hinaus.
2. Schäle für diese Superfood-Limonade den Ingwer und hacke diesen in kleine Stücke.
3. Gib nun alle Zutaten in eine Karaffe und mische sie gut durch.

Tipp:

Für einen gewissen Frischekick sorgt noch eine halbe Handvoll Minze. Gießt man die Limonade mit Sekt auf, wird sie auch für die Erwachsenen ein echtes Party-Highlight.

Holunderblüten-Limonade

42 kcal | 5 g Kohlenhydrate | 0,5 g Eiweiß | 0 g Fett

8 Port. 15 Min. leicht

Zutaten:

- 4 Handvoll Holunderblüten
- 2 Zitronen
- 1 Handvoll Eiswürfel
- 10 Blätter frisches Basilikum
- 2 Liter Mineralwasser mit Kohlensäure

Zubereitung:

1. Die Holunderblüten und die Basilikumblätter waschen und trocken schütteln.
2. Danach die Zitronen heiß abwaschen und in Scheiben schneiden.
3. Fülle nun das Mineralwasser in eine Karaffe und gebe alle Zutaten hinein und lasse alles für ca. 15 – 30 Minuten ziehen.

Tipp:

Wenn Du Dich schrittweise von süßen Getränken entwöhnen möchtest, kannst Du das erste Mal 4 TL Ahornsirup hinzugeben und bei jedem weiteren Mal um einen TL reduzieren.

Orangen-Limonade

133 kcal | 27 g Kohlenhydrate | 3 g Eiweiß | 1 g Fett

4 Port. 15 Min. leicht

Zutaten:

- 4 Bio-Orangen
- 1 Handvoll Crushed Ice
- 2 TL Grenadine, zuckerfrei
- 1 Liter Mineralwasser mit Kohlensäure

Zubereitung:

1. Wasche die Orangen mit heißem Wasser ab und entsafte diese.
2. Fülle nun alle Zutaten in eine Karaffe und gieße alles mit dem Mineralwasser auf.
3. Die Limonade ist sofort trinkbereit und kann sofort Deinen Durst löschen.

Tipp:

Falls Du es noch ein wenig fruchtiger magst, gebe den Saft einer halben Bio-Limette hinzu. Wenn Du Dich schrittweise von süßen Getränken entwöhnen möchtest, kannst Du das erste Mal 2 TL Ahornsirup hinzugeben und bei jedem weiteren Mal um einen TL reduzieren.

Hauptspeisen

Selbstgekochtes Mittags- und Abendessen ist sehr wichtig, denn nur so ist es Dir möglich eine gesunde zuckerfreie Ernährung umzusetzen. Zudem schmeckt und sättigt Selbstgekochtes einfach viel besser als Fertiggerichte. Das ist wichtig, damit keine nachmittäglichen und auch keine abendlichen Heißhungerattacken auftreten.

In diesem Kapitel wirst Du sehen, wie vielseitig, köstlich und abwechslungsreich eine zuckerfreie Ernährung sein kann. Die Gerichte in diesem Kapitel sollen Deine Gesundheit, Deine Leistungs- und Konzentrationsfähigkeit und auch Dein Wohlbefinden fördern.

Du hast viele verschiedene kulinarische Möglichkeiten, dadurch sind Deine Kreationen absolut keine Grenzen gesetzt! Experimentiere gerne auch nach eigenen Vorstellungen mit vitaminreichen Zutaten und entdecke den natürlichen leckeren Geschmack ohne zusätzlichen Zucker

Viel Freude beim Nachkochen und Genießen!

Möhren-Sellerie-Topf

220 kcal | 22 g Kohlenhydrate | 9 g Eiweiß | 11 g Fett

4 Port. | 15 Min. | leicht

Zutaten:

- 4 Stangen Staudensellerie
- 4 EL Olivenöl
- 2 rote Zwiebel
- 480 g abgetropfte weiße Bohnen aus der Dose
- 2 Möhren
- 3 Knoblauchzehen
- 12 Thymianzweige
- 2 EL Tomatenmark (ohne Zucker)
- 600 g Grünkohl
- Meersalz & Pfeffer

Zubereitung:

1. Beginne damit, die Grünkohlblätter von den dicken Stielen zu befreien und in 1 cm breite Streifen zu schneiden. Die Möhren schälen, den Sellerie waschen und beides ebenfalls klein schneiden.
2. Den Knoblauch und die Zwiebel schälen und fein würfeln. Den Thymian als Nächstes waschen.
3. In einem Suppentopf das Olivenöl erhitzen und darin die rote Zwiebel, den Knoblauch, den Sellerie und die Möhren unter stetigem Rühren dünsten. Tomatenmark hinzugeben, mitrösten und dann mit 1 l Wasser ablöschen.
4. Thymian und Grünkohlblätter hinzugeben und mit Pfeffer und Salz würzen. Alles zugedeckt bei schwacher Hitze 35 Minuten garen.
5. Gegen Ende der Garzeit die abgetropften Bohnen in den Eintopf geben. Fange das Bohnenwasser dabei auf und gare es 10 Minuten mit. Den Thymianzweig anschließend herausholen.
6. Nun eine Schöpfkelle Eintopf herausnehmen, mit dem Pürierstab kräftig durchpürieren und wieder in den Eintopf rühren. Dadurch kannst Du den Eintopf etwas andicken. Anschließend auf Tellern anrichten und servieren.

Zitronen-Lachs mit Brokkoli & Kartoffeln

480 kcal | 13 g Kohlenhydrate | 28 g Eiweiß | 35 g Fett

4 Port. | 35 Min. | leicht

Zutaten:

- 400 g Lachsfilet ohne Haut
- 10 Stängel Dill (4 Stängel gehackt)
- 300 g festkochende Kartoffeln
- 4 EL Mandelblättchen
- 4 Stängel Liebstöckel (2 Stängel gehackt)
- 1 Bio-Zitrone
- 800 g Brokkoli-Röschen
- 4 EL Olivenöl
- Meersalz & Pfeffer

Zubereitung:

1. Beginne damit, die Kartoffeln zu schälen und kleinzuschneiden. Zusammen mit den Brokkoli-Röschen salzen und für 25 Minuten in einem Topf garen.
2. Die Zitrone waschen und halbieren. Eine Hälfte auspressen und die andere klein schneiden.
3. Eine hitzebeständige Form mit Öl bestreichen und den Dill und den Liebstöckel hineinlegen. Den Lachs ebenfalls in die Form legen, mit 2 EL Zitronensaft bestreichen und würzen.
4. Die gehackten Kräuter über den Fisch geben und nochmals mit 2 EL Zitronensaft und 2 EL Öl beträufeln. Die Zitronenscheiben über den Lachs legen und alles für 15 Minuten bei 190 Grad im Backofen garen.
5. In der Zwischenzeit eine Pfanne mit Öl erhitzen und die Mandelblättchen rösten. 2 EL Zitronensaft hinzugeben, alles mit dem Gemüse vermengen und würzen. Mit dem Fisch servieren.

Kohlrabi-Tofu-Carpaccio

370 kcal | 13 g Kohlenhydrate | 17 g Eiweiß | 28 g Fett

4 Port. | 20 Min. | leicht

Zutaten:

- 300 g Räuchertofu
- Meersalz & Pfeffer
- 4 Kohlrabis
- 1 Scheibe Toastbrot
- 2 TL mittelscharfer Senf (ohne Zuckerzusatz)
- 4 Sardellenfilets (Salzlake)
- 30 g gehackte Petersilie
- 8 EL Olivenöl
- 60 g Rucola
- 30 g gehacktes Basilikum
- 3 EL Saft einer Bio-Zitrone

Zubereitung:

1. Gib zuerst das Toastbrot in eine Rührschüssel. Träufle den Zitronensaft und 2 EL Wasser darüber. Lasse alles etwas durchziehen.
2. Widme Dich nun den Sardellen und spüle diese ab. Anschließend etwas klein schneiden und zu dem Toastbrot geben. Den Rucola nun waschen und die Blätter etwas klein zupfen.
3. Gib nun den Senf, die Kräuter, den Rucola und das Olivenöl zu dem Toastbrot in den Rührbecher hinzu. Alles zu einer feinen Salsa Verde pürieren und mit Pfeffer und Salz würzen.
4. Schäle nun in einem vierten Schritt die Kohlrabis und hoble sie in kleine Scheiben. Lege die Kohlrabischeiben nun wie einen Fächer auf zwei Teller und gib etwas Salz und Pfeffer darüber.
5. Den Tofu in Stücke schneiden und auf den Kohlrabischeiben verteilen.
6. Träufle zum Schluss noch die Salsa Verde darüber und genieße Deine Mahlzeit.

Süßkartoffel-Hähnchen-Pfanne

498 kcal | 39 g Kohlenhydrate | 29 g Eiweiß | 25 g Fett

4 Port. 15 Min. leicht

Zutaten:

- 4 Knoblauchzehen
- ½ TL gemahlene Kurkuma
- 400 g Hähnchenbrustfilet
- Meersalz & Pfeffer
- 4 EL Olivenöl
- 600 g Süßkartoffeln
- 200 ml Wasser (ohne Kohlensäure)
- 300 g Grünkohl
- 2 TL scharfes Paprikapulver
- 4 EL Balsamico-Essig (hell)

Zubereitung:

1. Schneide zuerst das Hähnchenbrustfilet in kleine Würfel. Die Knoblauchzehen schälen und auspressen. Vermenge nun in einer Schüssel das Fleisch mit dem Knoblauch und etwas Pfeffer und Salz.
2. Schäle dann die Süßkartoffeln und schneide sie in Würfel. Den Grünkohl waschen und mithilfe eines Nudelholzes etwas zerdrücken, damit er weicher wird. Anschließend in Stücke schneiden und harte Stiele entfernen.
3. Erhitze in einer Pfanne 2 EL Olivenöl und brate das Hähnchenfleisch an. Anschließend herausnehmen und mit etwas Alufolie einwickeln.
4. Das restliche Öl in die Pfanne geben und die Süßkartoffel zusammen mit dem Grünkohl für 2 Minuten anbraten. Alles mit Paprikapulver und Kurkuma würzen.
5. Lösche anschließend alles mit Wasser ab und lasse es für 10 Minuten zugedeckt köcheln.
6. Schmecke zum Schluss das Gemüse mit Pfeffer, Salz und dem Essig ab.
7. Die Hähnchenstreifen zusammen mit dem Gemüse auf Tellern anrichten und genießen.

Rote-Bete-Risotto

460 kcal | 66 g Kohlenhydrate | 17 g Eiweiß | 16 g Fett

4 Port. 15 Min. leicht

Zutaten:

- 2 TL Kümmel
- 8 Lauchzwiebeln
- 1,2 l natürliche Gemüsebrühe
- Meersalz & Pfeffer
- 80 g geriebener Parmesan
- 2 EL Olivenöl
- 40 g Butter
- 300 g Buchweizen
- 400 g frische Rote Bete
- 4 EL Saft einer Bio-Zitrone
- 1 Kästchen Brunnenkresse

Zubereitung:

1. Wasche zuerst die Lauchzwiebeln und schneide das Grün in Ringe. Die Roten Bete schälen und in Würfel schneiden.
2. Erhitze in einem Topf das Olivenöl und dünste darin die Lauchzwiebeln an. Die Rote Bete zusammen mit dem Kümmel und der Gemüsebrühe hinzugeben und zugedeckt für 15 Minuten bei schwacher Hitze köcheln lassen.
3. Schütte den Buchweizen als Nächstes in ein Sieb und brause ihn heiß ab. Anschließend ebenfalls in den Topf geben und 20 Minuten köcheln lassen.
4. Wasche nun die Brunnenkresse und schneide sie klein. Die Hälfte des Parmesans unter das Risotto mischen und alles mit Pfeffer, Salz und Zitronensaft würzen. Gib noch die Butter hinzu und verrühre alles gründlich.
5. Richte nun Dein Risotto auf Tellern an und verteile die Kresse und den restlichen Parmesan darüber.

Walnuss-Pesto mit Buchweizen-Nudeln

535 kcal | 45 g Kohlenhydrate | 13 g Eiweiß | 34 g Fett

4 Port. 20 Min. leicht

Zutaten:

- 200 g Buchweizen-Pasta
- 80 g Rucola
- 120 g TK-Bohnen, grün
- 1 Bio-Zitrone
- Meersalz & Pfeffer
- 1 Chilischote
- 8 EL Olivenöl extra nativ
- 3 Knoblauchzehen
- 60 g Walnusskerne
- 50 g geriebener Parmesan

Zubereitung:

1. Zuerst einmal zum Pesto: Wasche den Rucola und schleudere ihn gut trocken. Dann ganz fein schneiden und in eine Schüssel geben. Nun die Zitrone heiß abwaschen und die Schale über dem Rucola abreiben. Dann noch die beiden Knoblauchzehen schälen und dazu fein pressen.
2. Wasche nun die Chilischote, entferne die Kerne und hacke sie ganz fein.
3. Auch die Walnusskerne grob hacken. Dann den Chili zusammen mit dem Parmesan, den Nüssen und dem Olivenöl zum Rucola geben. Zum Schluss das Pesto noch mit Pfeffer und Salz abschmecken.
4. Erhitze nun in einem Topf ein wenig Salzwasser und gare darin die grünen TK-Bohnen und die Buchweizenpasta.
5. Anschließend beides abgießen und noch tropfnass zum Pesto hinzugeben. Alles gut miteinander vermischen, auf zwei Tellern anrichten und genießen.

Zwiebel-Omelett

349 kcal | 2 g Kohlenhydrate | 15 g Eiweiß | 29 g Fett

4 Port. 20 Min. leicht

Zutaten:

- 4 TL Kurkumapulver
- 200 ml frische Milch (1,5 % Fett)
- 80 g rote Zwiebeln
- 1 gehackte Chilischote
- 20 g gehackte Petersilie
- 12 Bio-Eier
- 2 TL Olivenöl

Zubereitung:

1. Schäle als Erstes die Zwiebel und hacke sie klein.
2. Erhitze anschließend in einer Pfanne das Öl und dünste den Chili sowie die Zwiebel darin an.
3. Verquirle in einer Schüssel nun die Milch mit der Petersilie, den Eiern und dem Kurkumapulver.
4. Gib den Teig in die Pfanne und gare alles für 10 Minuten.
5. Zum Schluss auf einem Teller anrichten und genießen.

Orientalisches Curry

623 kcal | 93 g Kohlenhydrate | 28 g Eiweiß | 13 g Fett

4 Port. | 35 Min. | leicht

Zutaten:

- 4 TL Kurkuma
- 120 g Grünkohl
- 2 TL Currypulver
- 2 Knoblauchzehe
- 120 g Buchweizen
- 2 Chilischoten
- 1 Ingwerstück (2 cm)
- 100 g rote Linsen
- 80 ml Kokosmilch
- 2 rote Zwiebeln
- 2 TL Senfsamen
- 2 TL Rapsöl
- 650 ml natürliche Gemüsebrühe

Zubereitung:

1. In einem ersten Schritt den Grünkohl waschen und klein hacken.
2. Die Zwiebeln und den Knoblauch schälen und klein hacken.
3. Den Ingwer als Nächstes ebenfalls schälen und fein reiben.
4. Halbiere nun die Chilischoten und hacke diese ebenfalls klein.
5. Bereite dann den Buchweizen nach Anleitung zu.
6. Erhitze in der Zwischenzeit in einer Pfanne das Öl und braten darin die Senfkörner an. Anschließend den Ingwer, den Knoblauch, die Zwiebel und den Chili hinzugeben und alles garen.
7. Würze alles mit der Kurkuma und dem Currypulver.
8. Die Brühe hinzugeben und aufkochen lassen. Gib noch die Linsen hinzu und lasse alles bei mittlerer Hitze für 30 Minuten köcheln.
9. Nach der Kochzeit die Kokosmilch und den Grünkohl hinzugeben und für weitere 5 Minuten kochen.
10. Zum Schluss den Buchweizen abgießen und auf einem Teller anrichten. Das Linsencurry hinzugeben und alles servieren.

Vegetarische Brokkoli-Bällchen

592 kcal | 47 g Kohlenhydrate | 34 g Eiweiß | 27 g Fett

3 - 4 Port. | 40 Min. | leicht

Zutaten:

- 1 Knoblauchzehe
- 3 Frühlingszwiebeln
- 500 g Brokkoli
- 2 Stiele Petersilie
- 100 g Vollkorn-Semmelbrösel
- Meersalz & Pfeffer
- 250 g Speisequark (Magerstufe)
- 2 Bio-Eier
- 1 EL Olivenöl
- 2 EL Saft einer Bio-Zitrone
- 1 EL Leinöl
- 1 TL Majoran

Zubereitung:

1. Widme Dich zuerst dem Brokkoli. Wasche diesen hierfür, schneide ihn in Röschen und hacke diese klein. Anschließend in einen Topf mit Wasser geben und blanchieren.
2. Verrühre in der Zwischenzeit in einer Schüssel das Leinöl mit dem Quark und würze alles mit Pfeffer und Salz gut ab. Den Zitronensaft hinzugeben und gut verrühren.
3. Wasche und hacke die Frühlingszwiebeln klein.
4. Die Knoblauchzehe schälen und auspressen.
5. Die 2 Stiele Petersilie waschen und fein hacken.
6. Den fertigen Brokkoli nun zerdrücken und in eine Schüssel geben. Nach und nach noch den Knoblauch, die Petersilie, die Frühlingszwiebeln, die Eier, den Majoran, das Olivenöl und die Brösel hinzugeben und gut verrühren.
7. Forme nun aus dem Teig kleine Bällchen und lege sie auf ein mit Backpapier ausgelegtes Backblech und backe alles bei 200 Grad für 20 Minuten. Anschließend herausnehmen und genießen.

Tipp:

Probiere diese leckeren Bällchen doch auch einmal mit Zucchini oder Kürbis. Ersetze hierfür bei den Zutaten einfach den Brokkoli und die Frühlingszwiebeln.

Pikante Lachs-Buchweizen-Nudeln

685 kcal | 58 g Kohlenhydrate | 35 g Eiweiß | 39 g Fett

2 - 3 Port. | 15 Min. | leicht

Zutaten:

- 150 g Buchweizennudeln
- 200 g gelbe Paprika
- 200 g Zucchini
- 2 EL Kokosöl
- ½ Chilischote
- 2 EL Sesamsaat
- 200 g Lachsfilet (ohne Haut)
- Meersalz & Pfeffer
- 2 Schalotten

Zubereitung:

1. Widme Dich zuerst der Sesamsaat und röste diese in einer Pfanne, ohne Öl an.
2. Nun die Schalotten schälen und in Streifen schneiden. Die Paprika, die Zucchini und die Chilischote ebenfalls waschen und in Streifen beziehungsweise Scheiben schneiden.
3. Das Lachsfilet nun mit etwas Pfeffer und Salz würzen und anschließend in Würfel schneiden.
4. Erhitze in einem Schritt das Kokosöl in der Pfanne und brate darin die Paprika, die Zucchini, die Schalotten und die Chilischote 5 Minuten an. Das Gemüse etwas an den Rand schieben und den Lachs hineingeben und ebenfalls anbraten.
5. Koche in der Zwischenzeit die Buchweizen-Nudeln nach Packungsanleitung. Gieße die Nudeln nach der Kochzeit ab und gib sie zu der Pfanne hinzu.
6. Alles gut umrühren und auf Tellern anrichten. Streue als Garnitur noch die Sesamsaat darüber.

Deftiger Hackfleisch-Paprika-Topf

512 kcal | 45 g Kohlenhydrate | 30 g Eiweiß | 19 g Fett

2 - 3 Port. 25 Min. leicht

Zutaten:

- 450 ml natürliche Gemüsebrühe (alternativ Rinderbrühe)
- 800 g Tomaten (Dose)
- 1 EL gehackte Petersilie
- 1 Chilischote
- 1 EL Tomatenmark (ohne Zucker)
- 1 rote Paprika
- 1 EL Olivenöl
- 150 g Kidneybohnen (Dose)
- 400 g Rinderhackfleisch
- 1 EL gehackter Koriander
- 160 g Buchweizen
- 1 EL Kreuzkümmel
- 1 weiße Küchenzwiebel
- 3 Knoblauchzehen
- 1 EL Kurkuma

Zubereitung:

1. Zuerst die Zwiebel und die Knoblauchzehen schälen und hacken.
2. Die Paprika waschen, halbieren, die Trennhäute und das Kerngehäuse entfernen und anschließend in Streifen schneiden.
3. Das Olivenöl in einem Topf erhitzen und Knoblauch, Chili und Zwiebel darin andünsten. Die Gewürze hinzugeben und alles mitbraten. Hackfleisch hinzugeben und für drei Minuten braten. Alles mit 150 ml Gemüsebrühe ablöschen und einkochen. Die Flüssigkeit sollte sich auf die Hälfte reduzieren.
4. Das Tomatenmark, die Tomaten aus der Dose, die Paprikastücke, die restliche Brühe, sowie die Kidneybohnen in den Topf geben und mitköcheln lassen. Falls nötig, noch etwas Wasser hinzugeben.
5. Währenddessen den Buchweizen nach Anleitung kochen. Den Hackfleisch-Topf mit Kräutern würzen und servieren.

Fisch-Küchlein mit cremigem Dip

323 kcal | 12 g Kohlenhydrate | 50 g Eiweiß | 7 g Fett

4 Port. | 15 Min. | leicht

Zutaten:

- 2 TL gehackter Dill
- 6 Stängel gehackte Petersilie
- 800 g Seelachsfilet
- 2 TL Meerrettich
- 4 EL Paniermehl
- 2 Bio-Eier
- 2 TL mittelscharfer Senf (ohne Zucker)
- Meersalz & Pfeffer
- 2 TL Olivenöl
- 2 EL Mineralwasser
- 400 g Speisequark (Magerstufe)

Zubereitung:

1. Gib das Seelachsfilet zuerst in einen Multi-Zerkleinerer und zerkleinere es grob.
2. Den Fisch mit den Eiern, den Senf, dem Salz und Pfeffer sowie dem Paniermehl vermengen. Formen aus dem Teig kleine Küchlein.
3. In einer Pfanne das Öl erhitzen und die Fisch-Küchlein von beiden Seiten goldbraun braten.
4. In der Zwischenzeit den Dill mit dem Mineralwasser, Quark und Meerrettich vermengen.
5. Die Fisch-Küchlein auf Tellern anrichten und mit dem Dip servieren.

Tipp:

Du kannst anstelle vom Seelachsfilet auch andere Fischsorten wie zum Beispiel Kabeljau oder Zander probieren.

Gemüse-Spaghetti mit Hackfleischsauce für Klein & Groß

340 kcal | 14 g Kohlenhydrate | 15 g Eiweiß | 23 g Fett

4 Port. 25 Min. leicht

Zutaten:

- 2 Zucchini
- 2 Karotten
- 1 weiße Küchenzwiebel
- 4 Strauchtomaten
- 4 EL Olivenöl
- 200 g gemischtes Hackfleisch
- 2 TL Tomatenmark (ohne Zucker)
- 240 g passierte Tomaten (Dose)
- 2 Prise Paprikapulver, edelsüß
- Meersalz & Pfeffer
- 100 ml fettarme Milch (1,5 % Fett)
- 2 EL geriebener Parmesan

Zubereitung:

1. Beginne in einem ersten Schritt damit, die Karotten und Zucchini zu waschen und mit einem Spiralschneiden zu Spaghetti zu schneiden.
2. Die Zwiebel schälen und fein hacken.
3. Die Tomaten waschen, den Stiel entfernen und in Würfel schneiden.
4. 2 EL Olivenöl in einer Pfanne erhitzen und die Zwiebel darin glasig anschwitzen.
5. Gib das Hackfleisch hinzu und lassen alles gründlich anbraten.
6. Gib nach und nach das Tomatenmark, die passierten Tomaten und die Gewürze hinzu. Alles miteinander vermengen und köcheln lassen.
7. Die Milch unterrühren und die gewürfelten Strauchtomaten hinzugeben.
8. In einer zweiten Pfanne das übrige Öl erhitzen und die Gemüse-Spaghetti darin andünsten.
9. Verteile die Gemüse-Nudeln nun auf Tellern. Die Hackfleisch-Sauce darüber verteilen und mit etwas Käse bestreuen.

Würzige Schinken-Nudeln

434 kcal | 12 g Kohlenhydrate | 19 g Eiweiß | 32 g Fett

4 Port. 15 Min. leicht

Zutaten:

- 300 ml Sahne
- 2 Brokkoliköpfe
- 160 g Katenschinken
- 2 weiße Küchenzwiebeln
- 2 EL Olivenöl
- Meersalz & Pfeffer

Zubereitung:

1. Wasche zuerst beide Brokkoliköpfe und schneide sie in Röschen. Versuche die Strünke nicht zu beschädigen.
2. Die Brokkoli-Strünke durch einen Spiralschneider geben und zur Seite stellen.
3. Die übrigen Röschen klein schneiden.
4. Die Zwiebeln schälen und klein hacken.
5. In einer Pfanne das Öl erhitzen und die Zwiebeln darin anschwitzen.
6. Den Katenschinken hinzugeben und von beiden Seiten anbraten.
7. Die Brokkoli-Röschen hinzugeben und alles zusammen andünsten.
8. Die Sahne hinzugeben und alles köcheln lassen. Würze alles nach Deinem Geschmack mit Pfeffer und Salz.
9. Gib die Brokkoli-Nudeln (aus den Strünken) in die Pfanne und lasse alles nochmals für ein paar Minuten gar werden.
10. Richte alles auf Tellern an und serviere Deine leckeren Schinken-Nudeln.

Cremiges Omelett Mozzarella & Räucherlachs

286 kcal | 21 g Kohlenhydrate | 30 g Eiweiß | 14 g Fett

4 Port. | 25 Min. | leicht

Zutaten:

- 80 ml fettarme Milch (1,5 % Fett)
- 6 Bio-Eier
- Meersalz & Pfeffer
- 170 g Räucherlachs
- 1 Prise Muskatnuss
- 120 g Kirschtomaten
- 2 EL Olivenöl
- 100 g Mozzarella

Zubereitung:

1. Verquirle in einer Schüssel zuerst die Eier und die Milch. Die Gewürze hinzugeben und alles kräftig aufschlagen.
2. Erhitze das Öl in einer Pfanne und gib die Ei-Masse hinein. Alles für 5 Minuten anbraten.
3. In der Zwischenzeit kannst Du den Mozzarella etwas klein schneiden. Die Tomaten waschen und halbieren.
4. Gib den Mozzarella und die Tomaten zum Omelett dazu. Den Lachs ebenfalls klein schneiden und über das Omelett geben.
5. Den Deckel auf die Pfanne legen und das Omelett für 10 Minuten stocken lassen.
6. Richte alles auf Tellern an und serviere Dein Gericht.

Hähnchen-Pfanne mit Tomaten

378 kcal | 24 g Kohlenhydrate | 28 g Eiweiß | 18 g Fett

4 Port. | 25 Min. | leicht

Zutaten:

- 200 g Kirschtomaten
- Meersalz & Pfeffer
- 1 Prise Kurkuma
- 1 EL gehackte Petersilie
- 60 g Buchweizen
- 2 El Olivenöl
- 200 g Hähnchenbrustfilet
- 1 Chilischote
- 4 EL Saft einer Bio-Limette
- 60 g Grünkohl
- 1 rote Zwiebel
- 1 Ingwerstück (4 cm)

Zubereitung:

1. Beginne in einem ersten Schritt damit, das Hähnchenfleisch in Scheiben zu schneiden.
2. Erhitze dann in einer Pfanne das Olivenöl und brate das Fleisch darin an. Etwas Wasser in einem Topf erhitzen und den Grünkohl darin im Wasserbad dämpfen und blanchieren.
3. Die Petersilie waschen und kurz zur Seite stellen.
4. Schäle in einem nächsten Schritt den Ingwer und hacke ihn klein.
5. Auch die Chilischote kleinschneiden.
6. Die Zwiebel schälen und in Würfel schneiden. Röste nun in einer Pfanne den Ingwer, die Chilischote und die Zwiebeln an.
7. Wasche und schneide nun noch die Tomaten klein und gib sie noch kurz mit in die Pfanne. Alles mit Kurkuma und Pfeffer würzen und den Saft der Limette darüber geben.
8. Bereite den Buchweizen nach der Anleitung zu. Anschließend alles auf Tellern anrichten und mit dem fertigen Buchweizen servieren.

Express Hähnchenfilet mit Naturkartoffeln & Dip

683 kcal | 61 g Kohlenhydrate | 48 g Eiweiß | 28 g Fett

4 Port. | 15 Min. | leicht

Zutaten:

- 2 Rosmarinzweige
- 1 Bund gehackte Petersilie
- 4 Hähnchenbrustfilets
- 500 g Speisequark (Magerstufe)
- Meersalz & Pfeffer
- 3 EL Olivenöl
- 12 festkochende Kartoffeln

Zubereitung:

1. Beginne als Erstes damit, das Fleisch zu waschen und kleinzuschneiden. Würze das Hähnchenfleisch mit Pfeffer und Salz.
2. In einer Pfanne Olivenöl erhitzen und das Fleisch darin gut anbraten.
3. Gib den Rosmarinzweig hinzu und brate ihn kurz mit an. Die frischen Kräuter waschen und mit dem Quark in einer Schüssel vermengen. Nach Bedarf kannst Du noch etwas fettarme Milch hinzugeben.
4. Koche in der Zwischenzeit die Kartoffeln und entfernen anschließend die Schale. Richte auf einem Teller nun das Fleisch mit den Kartoffeln an und serviere den Kräuterquark dazu.

Petersilien-Omelett

439 kcal | 3 g Kohlenhydrate | 23 g Eiweiß | 36 g Fett

4 Port. 15 Min. leicht

Zutaten:

- 2 TL Olivenöl
- 6 Bio-Eier
- 70 g Chicorée
- 100 g Bacon
- 2 EL gehackte Petersilie

Zubereitung:

1. Brate zuerst den Speck in einer Pfanne, ohne eine Fettzugabe gut an. Lege den gebratenen Bacon anschließend auf ein Küchenpapier zum Austropfen.
2. Verquirle in der Zwischenzeit die Petersilie, die Eier und den Chicorée miteinander.
3. Hebe den Speck anschließend unter die Ei-Mischung.
4. Alles in einer Pfanne mit Öl goldbraun braten. Zwischendurch die Ei-Masse in Bewegung halten und sobald das Ei stockt vom Pfannenrand lösen und zusammenklappen oder offen servieren.

Lamm-Topf mit Gemüse

534 kcal | 49 g Kohlenhydrate | 30 g Eiweiß | 25 g Fett

4 Port. 35 Min. leicht

Zutaten:

- 400 ml Rinderbrühe
- 2 Möhren
-
- 2 EL Olivenöl
- 4 weiße Küchenzwiebeln
- 1 TL Kurkumapulver
- 1 TL Chilipulver
- 2 TL Kreuzkümmel
- 8 entsteinte Datteln
- 500 g Lammkeule
- 1 TL Paprikapulver
- 4 EL Zitronensaft
- 1 Bund Koriander
- 1 Bund Petersilie
- 500 g TK-Bohnen, grün
- 2 Knoblauchzehen

Zubereitung:

1. Das Lammfleisch zuerst von der Haut und dem Fett befreien und klein würfeln.
2. Nun den Knoblauch und die Zwiebeln schälen und ebenfalls fein würfeln.
3. Alles mit den Gewürzen, dem Olivenöl und dem Zitronensaft in einer Küchenschüssel mischen. Die Petersilie und den Koriander waschen und samt Stielen klein schneiden. Ebenfalls mit der Marinade und dem Fleisch mischen.
4. Die Bohnen und die Karotten putzen und in 4 cm lange Teile schneiden.
5. Das Gemüse mit dem Fleisch und der Marinade in einen feuerfesten Schmortopf geben und mit Pfeffer und Salz würzen. Den Rinderfond hinzugießen.
6. Zugedeckt im Ofen 40 - 60 Minuten lang bei 200 Grad garen. 15 Minuten vor Ende der Garzeit die Datteln längs Vierteln und unter das Fleisch mischen.

Vegetarische Familien-Tortilla

317 kcal | 9 g Kohlenhydrate | 13 g Eiweiß | 25 g Fett

2 - 4 Port. | 25 Min. | leicht

Zutaten:

- 7 entsteinte Oliven
- 1 Msp. Chiliflocken
- Meersalz & Pfeffer
- 2 EL Olivenöl
- 4 Bio-Eier
- 1 rote Zwiebel
- 1 gelbe Paprika
- 1 grüne Paprika
- 2 Zucchini
- 2 Thymianzweige

Zubereitung:

1. Die Eier in einem ersten Schritt mit dem Schneebesen schaumig verrühren und mit Pfeffer, Salz und Chiliflocken würzen.
2. Die Zucchini und die Paprika putzen, längs aufschneiden und beides fein würfeln.
3. Auch die Zwiebel schälen, halbieren und in Scheiben schneiden.
4. Anschließend die Oliven in Ringe schneiden.
5. Die Thymianzweige waschen, Blätter abzupfen und fein hacken.
6. Das Olivenöl in einer Pfanne erhitzen und das Gemüse darin 4 Minuten bei starker Hitze anbraten. Pfeffern, salzen und dann den Thymian sowie die Oliven hinzugeben. Kurz durchrühren.
7. Die verquirlten Eier darüber gießen und 15 Minuten stocken lassen.
8. Richte alles auf Tellern an und serviere die Tortilla.

Tipp:

Bei dieser Tortilla kannst Du ganz flexibel die Gemüsesorten austauschen. Probiere es im Herbst doch auch gerne mal Hokkaido-Kürbis oder Blumenkohl. Teste, aus was Dir und Deiner Familie schmeckt.

Fischragout mit Gurkenbeilage

360 kcal | 51 g Kohlenhydrate | 23 g Eiweiß | 7 g Fett

4 Port. | 35 Min. | mittel

Zutaten:

- 300 g tiefgekühltes Seelachsfilet
- 2 EL Olivenöl
- 1 Prise Salz
- 3 Stiele Dill
- 50 g fettarmer Joghurt
- 1 Prise Pfeffer
- 2 TL Senfsamen
- 600 ml natürliche Gemüsebrühe
- 150 g Knollensellerie
- 2 Zwiebeln
- 3 Gurken
- 250 g Langkornreis

Zubereitung:

1. Lasse den Seelachs vor der Zubereitung auf einem Teller leicht antauen.
2. Schäle in derzeit die Zwiebeln, den Sellerie und die Gurken. Schneide alles in Würfel.
3. Erhitze nun Öl in einem Topf und dünste den Sellerie, die Zwiebel und die Senfkörner bei geschlossenem Deckel für ca. 12 - 15 Minuten.
4. Gib nun 100 ml Gemüsebrühe und die Gurkenwürfel in dem Topf und lass bei mittlerer Hitze alles nochmals für weitere 10 Minuten dünsten.
5. Die restliche Gemüsebrühe in einem weiteren Topf erhitzen. Den Reis zugeben und aufkochen und für 15 Minuten weiterköcheln lassen.
6. Tupfe nun den Seelachs ab, schneide ihn in Stücke und gebe diesen zum Gurkengemüse hinzu und lass alles für 10 - 15 Minuten garen.
7. Wasche den Dill, hacke ihn klein und vermische ihn mit dem Joghurt. Hebe anschließend den Joghurt in das Gurken-Fisch-Ragout. Schmecke alles mit Salz und Pfeffer ab.
8. Gieße den Reis ab und richte ihn zusammen mit dem Fisch an.

Sauerkraut Pfanne mit Kassler

353 kcal | 28 g Kohlenhydrate | 37 g Eiweiß | 10 g Fett

4 Port. | 25 Min. | leicht

Zutaten:

- 500 g Kassler am Stück
- 20 g Butter
- 600 g fest kochende Kartoffeln
- 1 Zwiebel
- 4 EL Crème fraîche
- 285 g Sauerkraut
- 1 EL Weißweinessig
- 1 Prise Salz
- 1 Prise Pfeffer

Zubereitung:

1. Die Kartoffeln schälen und in ca. 2 cm große Würfel schneiden.
2. Koche nun die Kartoffelwürfel in ausreichend Salzwasser bissfest.
3. Schäle Zwiebel, hacke sie in kleine Stücke und schneide den Kassler nun in ca. 3 cm große Würfel.
4. Gieße nun die Kartoffeln ab und brate sie bei geringer Hitze 10 Minuten mit Butter in einer Pfanne.
5. Gib nun die Zwiebel- und Kasslerstücke in die Pfanne und brate alles für 5 Minuten gut durch. Als Nächstes das Sauerkraut hinzugeben und kurz mit andünsten.
6. Nun die Pfanne mit Essig und 1 EL Wasser ablöschen und brate bei starker Hitze alles für weitere 5 Minuten, unter ständigem Rühren, an.
7. Schmecke am Ende alles mit Salz und Pfeffer ab und serviere es auf flachen Tellern.

Tipp:

Du kannst die Sauerkrautpfanne auch vegetarisch zubereiten. Ersetze den Kassler beispielsweise gegen geräucherten Tofu.

Schnelles Kokos-Curry

244 kcal | 15 g Kohlenhydrate | 5 g Eiweiß | 16 g Fett

4 Port. 15 Min. leicht

Zutaten:

- 300 g Karotten
- 200 ml Kokosmilch
- 5 Stangen Staudensellerie
- 1 Fenchel
- 1 kleines Stück Ingwer (ca. 1 cm groß)
- 1 Zwiebel
- 2 TL gelbe Currypaste, ohne Zucker
- 1 Prise Salz
- 1 Prise Koriander
- 1 EL Rapsöl

Zubereitung:

1. Wasche den Fenchel, den Staudensellerie und die Karotten gründliche ab, schäle die Karotten und schneide alles in Würfel.
2. Schäle und hacke nun die Zwiebel in kleine Stücke und dünste sie in einem mit Öl erhitzten Topf glasig an.
3. Hacke nun den Ingwer und gebe diese ebenfalls in den Topf. Füge nach 2 Minuten das Gemüse hinzu.
4. Verrühre die Currypaste mit der Kokosmilch und gieße Kokosmischung ebenfalls in den Topf.
5. Lass alles für etwa 5 Minuten einkochen und füge zum Schluss den Koriander hinzu und schmecke es mit Salz ab.

Toskanische-Quinoa-Nudeln

714 kcal | 103 g Kohlenhydrate | 21 g Eiweiß | 20 g Fett

4 Port. 25 Min. leicht

Zutaten:

- 500 g Quinoa-Nudeln
- 500 g TK-Artischocken-Herzen
- 300 g Tomaten
- 60 g Pinienkerne
- 2 Schalotten
- 2 Knoblauchzehen
- 200 ml natürliche Gemüsebrühe
- 6 EL frisches Basilikum
- 4 EL Olivenöl
- 1 TL Saft einer Bio-Zitrone
- 1 Prise Pfeffer
- 1 Prise Meersalz

Zubereitung:

1. Wasche die Artischocken-Herzen gründlich ab und koche sie für ca. 45 Minuten in Salzwasser.
2. Gib nach ca. 25 Minuten 1 TL Zitronensaft in das Kochwasser.
3. Koche als Nächstes die Quinoa-Nudeln gemäß der Zubereitungsempfehlung.
4. Schäle nun die Schalotten, den Knoblauch und schneide beides in kleine Würfel. Dünste anschließend die Pinienkerne, Schalotten und Zwiebeln in einer mit Öl erhitzten Pfanne an.
5. Gieße währenddessen die Artischocken und die Nudeln ab. Schneide anschließend die leicht abgekühlten Artischocken längst in Scheiben.
6. Würfel nun die gewaschenen Tomaten und gebe sie ebenfalls in die Pfanne und mische die Artischocken und das Basilikum unter.
7. Vermische die Soße mit den Quinoa-Nudeln.

Tipp:

Wer es etwas kalorienarmer mag, kann die Quinoa-Nudeln gerne durch Dinkel- oder Konjakpasta ersetzen.

Desserts & Nachspeisen

Nach dem Hauptgericht freuen sich Groß und Klein auf eine köstliche Nachspeise, die die Hauptmahlzeit perfekt abrundet.

Ist Deine Familie auch so eine Naschkatze? Dann findest Du im folgenden Kapitel die nötige Inspiration für köstliche Desserts und Süßspeisen, die perfekt zur zuckerfreien Ernährung passen.

Diese Rubrik bietet eine facettenreiche und bunte Mischung, damit wirklich für jeden Geschmack das Richtige dabei ist.

Du kannst Desserts unkompliziert zubereiten und auch für den nächsten Tag vorbereiten. Das ist vor allem dann praktisch, wenn Du am nächsten Tag nicht so viel Zeit für die Küche hast.

Auch wenn Du und Deine Familie sich zuckerfrei ernähren, müsst Ihr nicht auf süße Köstlichkeiten verzichten.

Desserts und süße Köstlichkeiten sind ein Highlight und dürfen durchaus auch mal auf dem Tisch landen.

Guten Appetit!

Exotisches Kokos-Eis

357 kcal | 33 g Kohlenhydrate | 4 g Eiweiß | 17 g Fett

3 - 4 Port. 10 Min. leicht

Zutaten:

- 800 g TK-Himbeeren
- 4 EL Kokosraspeln
- 200 ml Kokosmilch
- 2 EL Kokosblütenzucker

Zubereitung:

1. Die tiefgefrorenen Himbeeren zusammen mit der Kokosmilch, den Kokosraspeln und dem Kokosblütenzucker in einen Shaker geben und alles auf höchster Stufe schön fein pürieren. Bei Bedarf kannst Du noch ein wenig Wasser hinzugeben.
2. Fülle nun alles in einen Behälter und gib das Eis für mindestens 4 Stunden lang in die Tiefkühltruhe.
3. Anschließend herausnehmen und genießen.

Tipp:

Bei diesem Eis kannst Du die Früchte auch ganz nach Deinen Vorlieben variieren. Probiere doch auch einmal frische Erdbeeren oder auch Heidelbeeren aus.

Zuckerfreies Bananen-Mandel-Eis

126 kcal | 18 g Kohlenhydrate | 3 g Eiweiß | 5 g Fett

3 - 4 Port. 15 Min. leicht

Zutaten:

- 300 ml ungesüßte Mandelmilch
- 4 Bananen
- 30 g Sonnenblumenkerne
- 1 Vanilleschote
- 30 g gemischte Mandeln
- 60 g Trockenfrüchte

Zubereitung:

1. Schäle zunächst einmal die beiden Bananen und schneide sie in Scheiben. Lege sie dann ausgebreitet auf ein Blech und schiebe es für 3 Stunden in die Tiefkühltruhe.
2. Gib nun 200 ml der Mandelmilch in einen Eiswürfelbehälter und lass es ebenfalls gut tiefkühlen.
3. Schneide jetzt die Vanilleschote der Länge nach auf und kratze das Mark vorsichtig heraus.
4. Gib nun die gefrorenen Zutaten, die Trockenfrüchte, die gemahlenen Mandeln, die Sonnenblumenkerne und das Vanillemark in einen Shaker und zerkleinere alles zu einer feinen Creme.
5. Gieße dann noch die restliche Mandelmilch hinzu und rühre noch einmal mit einem Löffel um.

Avocado-Bananen-Mousse

227 kcal | 16 g Kohlenhydrate | 5 g Eiweiß | 16 g Fett

4 Port. | 15 Min. | leicht

Zutaten:

- 4 Minze-Zweig
- 4 große Avocado
- 4 kleine Banane
- 120 g Kakaopulver (Backkakao) in Rohkostqualität

Zubereitung:

1. Halbiere erst die Avocados, entferne den Kern und hebe mit einem Esslöffel das Fruchtfleisch vorsichtig heraus.
2. Schäle dann die Banane und schneide sie in Stücke.
3. Fülle nun die beiden Zutaten in eine Schüssel und gib das Kakaopulver (Backkakao) hinzu.
4. Püriere mit einem Stabmixer alles zu einer schön glatten Creme.
5. Wasche nun die Minz-Zweige und schüttele sie trocken. Zupfe dann die Blätter des Stängels.
6. Verteile die Creme auf 4 Schälchen oder Gläser und garniere mit der frischen Pfefferminze. Du kannst die Creme im Kühlschrank auch noch ein wenig durchziehen lassen, wenn Du magst.

Gefüllte Kokos-Datteln

208 kcal | 8 g Kohlenhydrate | 16 g Eiweiß | 6 g Fett

4 Port. 15 Min. leicht

Zutaten:

- 20 Mandelkerne
- 20 Medjool-Datteln
- 40 g Kokosraspeln

Zubereitung:

1. Schneide zunächst einmal die Datteln in der Mitte durch und entferne den Stein.
2. Stecke nun jeweils eine Mandel in jede Dattelöffnung.
3. Bestreue zum Schluss alle Datteln noch mit den Kokosraspeln. Lass es Dir schmecken!

Saftige Mandel-Apfel-Muffins

354 kcal | 21 g Kohlenhydrate | 30 g Eiweiß | 14 g Fett

6 Port. 25 Min. leicht

Zutaten:

- 4 Bio-Eier
- 300 g Äpfel
- 2 EL Zitronensaft
- 100 g weiche Butter
- 2 EL Kokosblütenzucker
- ½ TL Vanillemark
- 150 g Buchweizenmehl
- 100 g gemahlene Mandeln
- 2 TL Backpulver
- Butter für die Form

Zubereitung:

1. Heize zunächst einmal den Backofen vor: Stelle dazu eine Temperatur von 175° Celsius Ober—und Unterhitze ein.
2. Trenne nun die Eier und schlage in einer Schüssel das Eiweiß mit dem Mixer zu einem steifen Schnee. Stelle es dann beiseite.
3. Schäle nun die Äpfel, entferne das Kerngehäuse und raspele die Früchte grob. Träufele dann noch den Zitronensaft darüber und stelle auch die Äpfel erst einmal auf die Seite.
4. Fette nun noch die Muffin-Förmchen ein.
5. Gib nun das Eigelb zusammen mit der weichen Butter, dem Vanillemark und dem Kokosblütenzucker in eine Schüssel und mixe alles schön cremig.
6. Rühre nun das Buchweizenmehl, das Backpulver sowie die gemahlenen Mandeln unter.
7. Hebe nun noch vorsichtig den Eischnee und die Apfelraspeln unter.
8. Verteile diese Masse nun auf die Muffin-Formen und backe alles 20 Minuten lang im Backofen schön goldbraun.
9. Du kannst kurz vor Ende der Backzeit mit einem Holzstäbchen die Garprobe machen.

Winter-Klassiker „Zimt-Apfel"

189 kcal | 24 g Kohlenhydrate | 6 g Eiweiß | 7 g Fett

4 Port. 15 Min. leicht

Zutaten:

- 4 Äpfel
- 4 TL gehackte Walnüsse
- 8 EL Speisequark (Magerstufe)
- ½ TL. Ceylon-Zimt
- 4 getrocknete Aprikose, geschnitten

Zubereitung:

1. In einem ersten Schritt die Äpfel waschen und die Deckel abschneiden. Das Kerngehäuse entfernen und die Äpfel aushöhlen.
2. In einer kleinen Schüssel Zimt mit Quark, Nüssen und Aprikosenstücken vermengen und in den Apfel füllen. Den Deckel wieder auf den Apfel setzen.
3. Den Apfel in eine Auflaufform setzen und im Ofen bei 180 Grad 25 Minuten backen. Anschließend herausnehmen und genießen.

Fruchtiges Frischkäse-Dessert

295 kcal | 9 g Kohlenhydrate | 21 g Eiweiß | 18 g Fett

4 Port. 10 Min. leicht

Zutaten:

- 4 TL ungesüßte Mandelmilch
- 800 g körniger Frischkäse
- 400 g Heidelbeeren
- ½ TL. Ceylon-Zimt

Zubereitung:

1. Vermenge den körnigen Frischkäse mit dem Zimt und der Mandelmilch in einer Schüssel.
2. Die Heidelbeeren waschen und in einen Standmixer geben und pürieren.
3. Das Frucht-Mus in einen Topf geben und für 5 Minuten erwärmen.
4. Den Hüttenkäse in eine Dessertschale geben, das warme Fruchtpüree darüber verteilen und genießen.

Tipp:

Du kannst hier ganz individuell die Früchte je nach Vorlieben von Deiner ganzen Familie variieren. Erdbeeren oder auch Himbeeren schmecken hier wunderbar.

Joghurt-Beeren-Muffins

128 kcal | 17 g Kohlenhydrate | 4 g Eiweiß | 4 g Fett

8 Port. 15 Min. leicht

Zutaten:

- 150 g Dinkelvollkornmehl
- 150 g Heidelbeeren
- 1 Bio-Ei, Größe M
- 1 TL Backpulver
- 1 EL weiche Butter
- 1 Prise Meersalz
- 150 g fettarmer Naturjoghurt
- 2 getrocknete, entsteinte Datteln

Zubereitung:

1. Wasche als Erstes die Heidelbeeren.
2. In einer Schüssel das Backpulver mit dem Mehl und Salz vermengen.
3. Den Joghurt und die Datteln in einen Standmixer geben und pürieren.
4. Nach und nach die Butter und das Ei unterrühren und pürieren.
5. Die pürierten Joghurt-Dattel-Masse zu dem Mehl geben und alles zu einem Teig verkneten.
6. Rühre die Heidelbeeren unter den Teig.
7. Ein Muffin-Blech mit Förmchen auslegen und den Teig hineinfüllen.
8. Die Muffins im Backofen bei 180 Grad für 20 - 25 Minuten goldbraun backen. Anschließend herausnehmen, etwas abkühlen lassen und servieren.

Sweet-Banana-Balls

59 kcal | 2 g Kohlenhydrate | 2 g Eiweiß | 4 g Fett

10 Stück | 10 Min. | leicht

Zutaten:

- 80 g gemahlene Mandeln
- ½ Bio-Banane
- 1 TL Kakaopulver (Backkakao)
- 1 EL Saft einer Bio-Orange

Zubereitung:

1. Diese kleinen Bällchen sind nicht nur bei Kindern der absolute Hit.
2. Schäle die Banane und schneide sie klein.
3. Den Orangensaft in einen Standmixer geben. Die Banane hinzugeben und alles pürieren.
4. Das Kakaopulver (Backkakao) und die Mandeln ebenfalls untermischen und nochmals alles pürieren.
5. Den Teig für 60 Minuten in den Kühlschrank stellen.
6. Anschließend herausnehmen und daraus 10 Bällchen formen. Bis zum Verzehr in den Kühlschrank stellen.

Brombeer-Schokoladen-Traum

358 kcal | 39 g Kohlenhydrate | 20 g Eiweiß | 10 g Fett

4 Port | 15 Min. | leicht

Zutaten:

- 4 TL Kakao-Nibs
- 400 ml frische Milch (1,5 % Fett)
- 400 g Skyr (0,2 % Fett)
- 4 Bananen
- 4 TL gemahlene Leinsamen
- 4 EL Kakaopulver (Backkakao)
- 12 Haselnusskerne
- 200 g TK-Brombeeren

Zubereitung:

1. Vermenge in einer Schüssel zuerst die Leinsamen mit der Milch, dem Skyr und dem Kakaopulver.
2. Die Banane schälen und unter die Kakao-Milch-Masse rühren. Alles fein pürieren und in ein Glas füllen.
3. Die Haselnusskerne als Nächstes klein hacken.
4. Die Brombeeren, Haselnusskerne und Kakao-Nibs als Topping über die Creme geben und genießen.

Sweet-Vanille-Almonds

190 kcal | 1 g Kohlenhydrate | 6 g Eiweiß | 18 g Fett

4 Port. 10 Min. leicht

Zutaten:

- 1 Prise Ceylon-Zimt
- 2 EL Kokosöl
- 2 TL gemahlene Vanille
- 100 g Mandeln

Zubereitung:

1. Erhitze in einer Pfanne das Kokosöl und röste die Mandeln darin 3 Minuten an.
2. Die gemahlene Vanille und das Zimtpulver darüber geben und alles nochmals zusammen anrösten.
3. Lege die Mandeln auf ein Backpapier zum Auskühlen und genieße sie mit Deiner ganzen Familie.

Tipp:

Für eine winterliche Kreation kannst Du anstatt der gemahlenen Vanille auch Lebkuchen- oder Spekulatiusgewürz über die Mandeln geben. Ein absoluter Liebling der allen schmeckt.

Winter-Orangen-Kugeln

110 kcal | 18 g Kohlenhydrate | 3 g Eiweiß | 3 g Fett

6 Stück 15 Min. leicht

Zutaten:

- 2 EL getrocknete Orangenschale
- 100 g entsteinte Datteln
- 3 EL Kakaopulver (Backkakao)
- 60 g getrocknete Aprikosen
- 1 Msp. gemahlene Vanille

Zubereitung:

1. Schneide als Erstes die getrockneten Aprikosen und Datteln in Würfel.
2. Gib die gemahlene Vanille zusammen mit der Orangenschale und 2 EL Kakaopulver in einen Multi-Zerkleinerer. Püriere alles so lange, bis eine geschmeidige Masse entstanden ist.
3. Forme aus dieser Masse nun 6 Kugeln.
4. Das restliche Kakaopulver auf einem Teller verteilen und die Kugeln darin wenden.
5. Stelle die Winter-Kugeln für 30 Minuten oder bis zum Verzehr in den Kühlschrank.

Tipp:

Anstelle von Kakaopulver kannst Du die Kugeln auch in gemahlene Mandeln oder Kokosraspeln wälzen.

Kleine Mandel-Bällchen

155 kcal | 17 g Kohlenhydrate | 5 g Eiweiß | 7 g Fett

8 Stück | 15 Min. | leicht

Zutaten:

- 1 Prise gemahlene Vanille
- 2 EL Vollkorn-Haferflocken
- 100 g gemahlene Mandeln
- 180 g Rosinen

Zubereitung:

1. Für diese kleinen Bällchen die Mandeln mit den Rosinen, der gemahlenen Vanille und den Haferflocken in einen Multi-Zerkleinerer geben.
2. Alles zu einer feinen Masse pürieren.
3. Forme aus der Masse nun 8 Bällchen. Stelle sie bis zum Verzehr aber für mindestens 30 Minuten in den Kühlschrank.

Apfel-Zimt-Mus

160 kcal | 35 g Kohlenhydrate | 1 g Eiweiß | 1 g Fett

4 Port. 15 Min. leicht

Zutaten:

- 1 kg Äpfel
- ½ TL Ceylon-Zimt
- ½ Bio-Zitrone
- ½ TL gemahlene Vanille

Zubereitung:

1. Beginne damit, die Äpfel zu schälen, in Viertel zu schneiden und das Kerngehäuse zu entfernen. Den Apfel noch etwas kleiner schneiden.
2. Die Zitrone waschen und die Schale reiben. Presse den Saft heraus.
3. Gib 100 ml Wasser zusammen mit den Apfelstücken und dem Zitronensaft in einen Topf. Alles für 10 Minuten köcheln lassen.
4. Nach der Kochzeit die Vanille und den Zimt hinzugeben und pürieren.
5. Du kannst das Apfelmus jetzt in Schraubgläser füllen oder nach dem Abkühlen sofort genießen.

Fruchtiger Chia-Pudding zum Vernaschen

156 kcal | 13 g Kohlenhydrate | 6 g Eiweiß | 7 g Fett

4 Port. 15 Min. leicht

Zutaten:

- 200 g Himbeeren
- 400 ml ungesüßte Mandelmilch
- 4 EL Kakao-Nibs
- 4 EL Kakaopulver (Backkakao)
- 2 Msp. gemahlene Vanille
- 80 g Chia-Samen

Zubereitung:

1. Gib zuerst die gemahlene Vanille zusammen mit dem Kakaopulver und der Mandelmilch in eine Schüssel. Verrühren alles so lange, bis es keine Klumpen mehr bildet. Anschließend die Chia-Samen hinzugeben und ebenfalls miteinander vermischen. Alles für ungefähr 10 Minuten quellen lassen.
2. Rühre nun nochmals gut durch die Mischung und verteile alles in verschließbare Gläser. Lasse die Chia-Mischung über Nacht für ungefähr 8 – 12 Stunden im Kühlfach quellen.
3. Am nächsten Tag kannst Du die Beeren waschen und mithilfe einer Küchenmaschine oder eines Pürierstabs pürieren.
4. Das Beeren-Püree auf dem Chia-Mandel-Pudding verteilen und mit den Kakao-Nibs garnieren und genießen.

Hinweis:

Zusätzlicher Zeitaufwand: Die Chia-Mischung sollte über Nacht im Kühlschrank quellen.

Speisen für Kindergeburtstage

Damit der große Tag der Kleinen auch gelingt und alle Gäste auch glücklich sind, folgen auf den nächsten Seiten ein paar Klassiker, die den kleinen besonders gut schmecken.

Zwar ist das Essen nicht alleine für einen erfolgreichen Geburtstag ausschlaggebend, aber es rundet diesen perfekt ab. Gerade nach den Spielen und Aktivitäten, wenn die Kleinen aber auch die Erwachsenen sich ausgetobt haben, ist ein gelungenes Essen eine wunderbare Stärkung.

Auch ohne die zuckerreichen Bomben wie Kuchen, Kekse und Süßkram werdet Ihr hier tolle Party-Rezeptideen finden, mit denen Ihr garantiert jeden Geschmack treffen werdet.

Viel Spaß beim Stöbern und nachkochen!

Geburtstags-Muffins mit Mandeln

90 kcal | 27 g Kohlenhydrate | 5 g Eiweiß | 18 g Fett

12 Port. 20 Min. leicht

Zutaten:

- 3 Bananen
- 4 EL Kokosblütenzucker
- 150 g weiche Butter
- 4 Bio-Eier
- 120 g gemahlene Mandeln
- 150 g Dinkelmehl
- 50 g Speisestärke
- ½ Päckchen Backpulver

Zubereitung:

1. Lege ein Muffin-Blech mit Papierförmchen aus.
2. Schäle die Banane und zerdrücke sie mit einer Gabel etwas.
3. Die Butter mit den Eiern und dem Kokosblütenzucker schaumig schlagen.
4. Vermengen die Bananen unter den Teig und rühre noch die gemahlenen Mandeln unter. Alles gründlich miteinander vermischen.
5. Das Dinkelmehl mit der Speisestärke und dem Backpulver unterrühren und gründlich vermengen.
6. Fülle den Teig in Papier-Förmchen und backe sie im Ofen bei 180 Grad für 25 Minuten.

Sesam-Stangen mit Erdnuss-Note

45 kcal | 3 g Kohlenhydrate | 1 g Eiweiß | 3 g Fett

10 Port. 15 Min. leicht

Zutaten:

- 20 g Sesampaste
- 2 EL Sesamsamen
- 100 g weiche Butter
- 2 Bio-Eier
- 75 g geröstete Erdnusskerne
- 220 g Dinkelmehl
- 1 Msp. Curry

Zubereitung:

1. In einem ersten Schritt 50 g der Erdnusskerne klein hacken.
2. Vermischen Sie die Erdnüsse mit den Sesamsamen.
3. Die weiche Butter und 1 Ei zusammen mit dem Curry, der Sesampaste und dem Dinkelmehl vermengen. Unter die Erdnuss-Sesam-Masse rühren und alles gründlich vermischen.
4. Forme aus dem Teig nun kleine Stangen und stelle sie für 60 Minuten in den Kühlschrank.
5. Die Stangen anschließend in den übrigen Erdnusskernen (25 g) wälzen und auf ein Backblech legen.
6. Das übrige Ei in einer kleinen Tasse verquirlen und die Stangen damit bestreichen.
7. Im Backofen bei 180 Grad für 15 Minuten backen.
8. Nimm die Stangen anschließend heraus und lasse sie komplett auskühlen.

Party-Salat mit Kartoffeln

353 kcal | 19 g Kohlenhydrate | 23 g Eiweiß | 19 g Fett

10 Port. 15 Min. leicht

Zutaten:

- 200 g rote Zwiebeln (in Ringe geschnitten)
- 5 EL Olivenöl
- ½ Bund Petersilie, gehackte
- 200 g Stangensellerie (in Scheiben geschnitten)
- 1 kg geschälte, halbierte Kartoffeln
- Saft von 2 Bio-Zitrone
- 1 kg Radieschen (in Scheiben geschnitten)
- 350 g Brunnenkresse

Zubereitung:

1. Koche zuerst die Kartoffeln für 20 Minuten gar.
2. Vermenge anschließend das Olivenöl mit dem Sellerie, den Zwiebeln, den Radieschen, der Petersilie und dem Zitronensaft.
3. Beginne, die fertigen Kartoffeln mit der Gabel-Rückseite etwas anzudrücken. Wichtig ist hier, sie nicht ganz zu zerdrücken. Vermische sie nun gut mit der Sellerie-Zwiebel-Mischung.
4. Vermenge die Brunnenkresse mit dem Salat. Richte den Kartoffelsalat auf Tellern an und gib bei Bedarf noch etwas Zitronensaft hinzu. Guten Appetit!

Spanisches Omelett

320 kcal | 5 g Kohlenhydrate | 15 g Eiweiß | 26 g Fett

5 Port. | 15 Min. | leicht

Zutaten:

- 2 TL Chiliflocken
- ½ Glas entsteinte schwarze Oliven
- 3 rote Paprika
- 3 EL Olivenöl
- 5 Zucchini
- 10 Bio-Eier
- 3 rote Zwiebeln
- 3 Thymianzweige
- Meersalz & Pfeffer

Zubereitung:

1. Beginne damit, die Eier mit dem Schneebesen schaumig zu verrühren und mit dem Pfeffer, dem Salz und den Chiliflocken zu würzen.
2. Nun die Zucchini und die Paprika putzen, längs aufschneiden und beides fein würfeln. Auch die Zwiebeln schälen, halbieren und in Scheiben schneiden.
3. Schneide anschließend die Oliven in Ringe. Wasche die Thymianzweige, dann die Blätter abzupfen und fein hacken.
4. Das Olivenöl in einer Pfanne erhitzen, die Zwiebel und das Gemüse darin 4 Minuten bei starker Hitze anbraten. Nun alles pfeffern und salzen und dann den Thymian sowie die Oliven hinzugeben. Rühre nun alles kurz durch.
5. Die verquirlten Eier darüber gießen und 15 Minuten stocken lassen.
6. Zum Schluss alles auf Tellern anrichten und genießen.

Easy-Banana-Cookies

105 kcal | 20 g Kohlenhydrate | 3 g Eiweiß | 1 g Fett

10 Port. 15 Min. leicht

Zutaten:

- 500 g kernige Haferflocken
- 10 Bananen

Zubereitung:

1. Heize den Backofen zunächst einmal auf 175 Grad vor.
2. Schäle dann die Bananen und zerdrücke sie mit einer Gabel.
3. Vermische sie dann mit den Haferflocken und forme aus dieser Teigmasse Kekse.
4. Lege die Kekse auf ein mit Backpapier ausgelegtes Blech und backe die Cookies im vorgeheizten Backofen ungefähr 20 Minuten lang.

Tipp:

Für etwas Abwechslung kannst Du noch 1 EL Kakao-Nibs oder 2 EL Kokosraspeln zu den Cookies geben. Das kommt nicht nur bei den Kleinen, sondern auch bei den Großen gut an.

Herzhafte-Party-Muffins

371 kcal | 3 g Kohlenhydrate | 34 g Eiweiß | 25 g Fett

6 Port. 20 Min. leicht

Zutaten:

- 3 EL Schafskäse (zerbröselt)
- 6 Bio-Eier
- 6 Scheiben Speck
- 1 EL gehackte Petersilie
- 1 EL gehackter Schnittlauch
- 1 EL Kokosöl

Zubereitung:

1. Fette zuerst die Muffin-Förmchen ein.
2. Lege die gefetteten Förmchen mit dem Speck aus. Damit dies leichter gelingt, sollten die größeren Stückchen am Rand sein und die kleineren am Boden. Schlage anschließend jeweils 1 Ei in jede Form über den Bacon.
3. Gib nun den Feta und die frischen Kräuter darüber und backe alles bei 200 Grad für 15 Minuten.
4. Bevor Du die Muffins servierst, sollten diese ungefähr 1 Minute abkühlen. Anschließend aus der Form nehmen und servieren.

Heidelbeer-Kaiserschmarrn

483 kcal | 81 g Kohlenhydrate | 12 g Eiweiß | 9 g Fett

4 Port. 45 Min. leicht

Zutaten:

- 2 EL Kokosöl
- 200 g Heidelbeeren
- 300 g Quinoa
- 160 g Rosinen
- 20 g Chia-Samen
- 750 ml ungesüßte Mandelmilch
- Abgeriebene Schale 1 Bio-Zitrone

Zubereitung:

1. Wasche zuerst die Heidelbeeren und gib diese anschließend in einen Multi-Zerkleinerer. Die Beeren fein pürieren und die Chia-Samen hinzugeben. Beides für ungefähr 30 Minuten im Kühlfach quellen lassen. Danach nochmals kurz pürieren.
2. Wasche in der Zwischenzeit die Quinoa und gib ihn in einen Topf.
3. Füge nun die Mandelmilch hinzu und bring alles auf der Kochstelle bei mittlerer Hitze für ungefähr 10 Minuten zum Köcheln. Quinoa zum Schluss noch gut durchpürieren.
4. Mische anschließend die Zitronenschale mit der Quinoa und den Rosinen.
5. Erhitze das Öl in einer Pfanne und gib die Zitronen-Quinoa-Mischung hinzu. Alles für ungefähr 3 Minuten bei mittlerer Hitze von beiden Seiten goldbraun backen. Anschließend den Teig in kleinere Stücke rupfen und auf Tellern verteilen.
6. Den Kaiserschmarrn mit der Chia-Marmelade servieren und genießen.

Tipp:

Für diesen leckeren Kaiserschmarrn kannst Du auch Himbeeren oder Brombeeren verwenden. Je nach Saison und Vorlieben sind Dir hier keine Grenzen gesetzt.

Herzhafter-Cheesecake

792 kcal | 20 g Kohlenhydrate | 46 g Eiweiß | 58 g Fett

6 Port. 15 Min. leicht

Zutaten:

- Kokosöl zum Einfetten
- 75 g geriebener Parmesan
- 2 – 3 Zucchini
- 1 TL Meersalz
- 75 g zerbröselter Feta
- 2 Knoblauchzehen (gehackt)
- 550 g Ricotta
- 2 Frühlingszwiebeln (gehackt)
- 4 EL gehackter Dill
- Abgeriebene Schale 1 Bio-Zitrone
- 2 Bio-Eier

Zubereitung:

1. Fette als Erstes eine Auflaufform mit Kokosöl ein.
2. Schäle die Zucchini und rasple sie anschließend in Streifen. Gib die geraspelten Zucchini in ein Sieb und bestreue sie mit etwas Salz. Nun für 15 Minuten stehen lassen. Anschließend die Flüssigkeit aus den Raspeln drücken.
3. Vermenge nun Dill, Ricotta, Frühlingszwiebeln, Zitronenschale, Knoblauch und Parmesan miteinander. Schlage die Eier nun auf.
4. Gib nun noch die Zucchiniraspeln und die geschlagenen Eier hinzu und vermenge alles miteinander.
5. Befülle die Auflaufform nun mit der Zucchini-Ricotta-Mischung und backe alles bei 170 Grad für 60 Minuten.
6. Bestreue den Käsekuchen zum Schluss mit dem Feta und backe dies nochmals so lange, bis der Käse zu schmelzen beginnt. Damit der Kuchen eine gute Konsistenz hatte, solltest Du ihn komplett auskühlen lassen und erst dann servieren.

Geeister-Beeren-Joghurt

295 kcal | 29 g Kohlenhydrate | 17 g Eiweiß | 10 g Fett

4 - 6 Stück | 20 Min. | leicht

Zutaten:

- 60 g Ahornsirup
- 600 g Brombeeren
- 250 g Himbeeren
- 200 g Heidelbeeren
- 700 g fettarmer Naturjoghurt
- 2 EL Saft einer Bio-Zitrone
- 300 g Speisequark (Magerstufe)

Zubereitung:

1. Wasche als Erstes die frischen Früchte.
2. Gib die gewaschenen Brombeeren, die Heidelbeeren und Himbeeren zusammen mit dem Saft der Zitrone und dem Ahornsirup in einen Mixer und püriere alles kräftig durch.
3. Hebe nun den Quark und den Naturjoghurt unter.
4. Fülle zum Schluss alles in ein passendes Gefäß und stelle es für mindestens 3 Stunden lang in das Gefrierfach.

Tipp:

Bei diesem leckeren Geburtstags-Liebling kannst Du die Früchte auch variieren. Wunderbar schmecken auch Erdbeeren, Bananen oder Orangen.

Fluffiger Kokos-Quark

274 kcal | 10 g Kohlenhydrate | 14 g Eiweiß | 19 g Fett

4 Stück 15 Min. leicht

Zutaten:

- 5 EL Kokosraspeln
- 250 ml Kokosmilch
- 500 g Speisequark (Magerstufe)
- 1 Minze-Stängel
- 10 Heidelbeeren

Zubereitung:

1. Gib die Kokosmilch in eine Schüssel und rühre darin den Magerquark unter. Vermische beide Zutaten gründlich miteinander, sodass eine schöne cremige Konsistenz entsteht.
2. Hebe nun die Kokosraspeln unter. Wenn Du möchtest, kannst Du die Kokoscreme auch für 1 - 2 Stunden in den Kühlschrank stellen damit sie ein wenig mehr andickt.
3. Wasche und püriere nun die Heidelbeeren mit einem Stabmixer zu einem feinen Fruchtpüree bis gar keine Obststücke mehr übrig sind.
4. Richte den Kokosquark dann in vier Gläsern an und gib das Erdbeere-Püree darüber. Zum Schluss noch mit frischer Minze und Kokosraspeln garnieren und servieren.

Tipp:

Ein wunderbar sommerlicher Klassiker. Perfekt für Kindergeburtstage die gerne etwas anders außer die klassischen Muffins probieren möchten.

Herzhafte Waffeln

631 kcal | 49 g Kohlenhydrate | 36 g Eiweiß | 37 g Fett

4 Stück | 25 Min. | mittel

Zutaten:

- 100 g Butter
- 150 g Feta
- 250 g Dinkelmehl
- 3 Bio-Eier
- 250 g Joghurt
- 100 g Radieschen
- 100 g Magerquark
- 1 Prise Salz
- 2 Frühlingszwiebeln
- 1 Prise Pfeffer
- ½ Apfel

Zubereitung:

1. Vermische für die Waffeln die Butter mit 150 g Joghurt. Zerbrösle danach den Feta und gebe ihn ebenfalls hinzu. Nun das Mehl unterheben und die Eier zugeben. Der Teig muss nun 5 Minuten quellen.
2. Schneide in dieser Zeit die Frühlingszwiebeln in Ringe und mische diese auch in den Teig. Würze den Teig mit Pfeffer vermische alles gründlich.
3. Wasche als Nächstes den Apfel und reibe ihn in grobe Stücke. Reinige nun die Radieschen und schneide ihn in kleine Stücke.
4. Gib nun alle restlichen Zutaten in den Teig und vermische alles gut.
5. Heize nun das Waffeleisen vor, fette es ein und fülle den Teig hinein. In der Regel zeigt Dir das Waffeleisen an, wann diese fertig sind, ansonsten achte darauf, ob dieser aufgeht und goldbraun wird.

Tipp:

Je nach Belieben, passt ein Dip auf Basis von Joghurt, Dill, Knoblauch sowie eine Prise Salz und Pfeffer sehr gut zu den Waffeln.

Hähnchen-Party-Spieße

228 kcal | 3 g Kohlenhydrate | 30 g Eiweiß | 11 g Fett

6 Stück | 15 Min. | leicht

Zutaten:

- 500 g Hähnchenbrustfilet
- 2 EL Olivenöl
- 1 Prise Salz
- 1 grüne Paprika
- 2 EL Saft einer Bio-Zitrone
- 1 Prise Pfeffer
- 12 Oliven, entsteint
- 6 Holzspieße

Zubereitung:

1. Lege als Erstes die Holzspieße in einer kleinen Schüssel mit Wasser ein, damit diese beim Braten nicht verbrennen.
2. Wasche das Hähnchen gründlich und tupfe es anschließend mit Küchenpapier ab. Schneide das Fleisch in 12 Stücke und beträufele diese mit Zitronensaft. Würze anschließend das Fleisch mit Salz und Pfeffer.
3. Putze nun die Paprika, entkerne diese und teile diese in 12 Stücke.
4. Stecke nun auf 6 Spieße jeweils 2 Stücke Hähnchen, Oliven und Paprika.
5. Brate die Spieße für ca. 15 Minuten bei mittlerer Hitze in Öl von allen Seiten an.

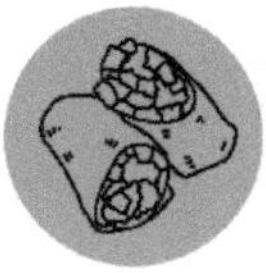

Herzhafte Salatrollen

225 kcal | 24 g Kohlenhydrate | 17 g Eiweiß | 6 g Fett

4 Stück | 20 Min. | mittel

Zutaten:

- 1 Karotte
- 2 Frühlingszwiebeln
- 8 Blätter Eisbergsalat
- 1 kleines Stück Ingwer (ca. 1 cm groß)
- 1 EL Saft einer Bio-Limette
- 1 Msp. Kurkumapulver
- 1 Prise Chilipulver
- 1 Knoblauchzehe
- 250 g Hähnchenbrustfilet
- 2 TL Sesamöl
- 2 EL helle Sojasauce, zuckerfrei
- 100 g Reisfadennudeln

Zubereitung:

1. Wasche die Hähnchenbrust gründlich und tupfe es anschließend mit Küchenpapier ab. Schneide das Fleisch in feine Würfel und brate es in einer Pfanne mit Öl, bis es gar ist. Gebe nun 1 EL Sojasoße hinzu und lasse diese kurz einkochen. Anschließen muss das Hähnchen auf einem Teller abkühlen.
2. Gib die Nudeln in eine kleine Schüssel und übergieße sie mit heißem Wasser und lasse sie für ca. 5 - 8 Minuten ziehen. Gieße anschließend die Nudeln über ein Sieb ab.
3. Schäle Karotte und schneide sie in kleine Stücke. Wasche die Frühlingszwiebeln und zerkleinere sie ebenfalls. Löse nun die Salatblätter vom Salatkopf und waschen diese.
4. Vermenge nun die Nudeln mit dem Fleisch, den Zwiebeln sowie den Karottenstücken und befülle damit jeweils 2 Salatblätter und rolle sie.
5. Püriere nun den gewaschenen Ingwer, den geschälten Knoblauch, den Limettensaft mit den restlichen Gewürzen zu einem Dip. Dazu den Mixer verwenden.
6. Die Salatrollen können nun mit dem Dip angerichtet werden.

Easy-Frischkäse-Partysnack

70 kcal | 3 g Kohlenhydrate | 7 g Eiweiß | 3 g Fett

8 Stück 15 Min. leicht

Zutaten:

- 200 g Ziegenfrischkäse
- 400 g Frischkäsezubereitung (fettarm)
- 1 Prise Salz
- 1 EL Saft einer Bio-Zitrone
- 1 Bund Schnittlauch
- 1 Prise Pfeffer

Zubereitung:

1. Vermische die beiden Käsesorten in einer Schale und würze das Käsegemisch mit Salz, Pfeffer und den Zitronensaft.
2. Wasche als Nächstes den Schnittlauch und hacke ihn in feine Stücke.
3. Forme aus der Käsemischung 8 kleine Bällchen und wälze diese in den Schnittlauch.

Tipp:

Die Käsebällchen eignen sie gut als Partysnack für zwischen durch. Wem die Bällchen zu wenig sind, kann diese gut mit Kernigen Crackern aus dem Snack-Bereich servieren.

Süße Party-Snackstangen

226 kcal | 26 g Kohlenhydrate | 6 g Eiweiß | 10 g Fett

10 Stück | 20 Min. | leicht

Zutaten:

- 150 g Karotten
- 210 g Dinkelmehl
- 1 TL Zimt
- 62 g Chiasamen
- 2 Msp. Backpulver
- 1 Prise Salz
- 42 g feine Haferflocken
- 1 EL Kokosraspel
- 2 EL Rapsöl
- 2,5 Bananen
- 75 g Walnusskerne

Zubereitung:

1. Heize als Erstes den Backofen auf ca. 180 Grad vor.
2. Schäle als Nächstes die Karotte und reibe sie. Hacke nun die Walnusskerne in kleine Stücke.
3. Mische nun das Mehl, das Backpulver, das Salz, den Zimt, die Haferflocken und die Chiasamen in einer Schüssel.
4. Anschließend die Bananen schälen und mit einer Gabel zerdrücken.
5. Vermische nun die Karotten, die Bananen und das Öl in einer zweiten Schüssel gut durch, sodass es eine homogene Masse ergibt.
6. Mische nun die Bananen-Karotten-Masse mit der Mehlmischung mit einem Spatel gut durch und gebe anschließend die Walnüsse hinzu.
7. Forme aus der Masse 10 Stangen und verteile sie auf das mit Backpapier verkleidete Backblech. Betreue die Stangen zum Schluss mit den Kokosraspeln.
8. Die Stangen müssen nun für ca. 15 - 20 Minuten backen und anschließend auskühlen.

Tipp:

Deiner Kreativität sind keine Grenzen gesetzt, du kannst anstatt Stangen auch andere Motive beispielsweise Herzen formen bzw. eine Muffinform verwenden.

Schlusswort

Herzlichen Dank, dass Du Dich für dieses Buch entschieden hast.

Ich hoffe sehr, dass dieser Ratgeber Dir und Deiner Familie bei einer zuckerfreien Ernährung helfen konnte und dass Du viele neue und wertvolle Erkenntnisse gewonnen hast.

Eine zuckerfreie Ernährung bedeutet vor allem eine Ernährungsweise, in der der tägliche Zuckerverzehr auf 25 Gramm pro Tag limitiert wird. Zugesetzter Zucker liefert Deinem Körper keinerlei Vorteile, sondern belastet ihn nur. Zum anderen kann ein langfristiger und übermäßiger Zuckerkonsum gravierende Folgen für die Gesundheit haben. Von Karies über die Entstehung von Übergewicht bis hin zu Herzerkrankungen oder Diabetes ist der übermäßige Zuckerkonsum sogar sehr gefährlich. Versuche daher, bewusst vom bisherigen Denken abzukommen und Dir neue Ernährungsgewohnheiten anzugewöhnen. Hilf Deinen Geschmacksnerven wieder zur Natürlichkeit zurückzufinden und die intensive natürliche Süße wieder zu schmecken.

Du und Deine Lieben werdet rasch merken, dass ihr keineswegs im Alltag eingeschränkt sein werdet, sondern auf eine sehr breitgefächerte Palette an gesunden und zudem sehr köstlichen Lebensmitteln zurückgreifen könnt.

Besonders wichtig ist es, langsam zu beginnen und sich immer wieder vor Augen zu halten, welche negativen Konsequenzen ein zu hoher Zuckergenuss hat. Entdecke immer neue und vor allem gesündere Alternativen und lerne auch versteckten Zucker zu entlarven. Gehe geduldig mit Dir und Deinem Körper um und lass Dir die notwendige Zeit, um Dein Essverhalten erfolgreich und vor allem nachhaltig umzustellen.

Habe viel Freude und vor allem viel Erfolg bei Deiner Zuckerfrei-Umsetzung. Alles Gute!

Buchempfehlung zum Thema Ernährung

Du kannst nicht genug von einer gesunden und ausgewogenen Ernährung bekommen?

Dann ist das Buch **„Basische Ernährung für Berufstätige"** genau das Richtige für Dich!

Sebastian Pussack vermittelt in seinem Ratgeber „Basische Ernährung für Berufstätige" ein umfangreiches Basiswissen zum Thema einer leckeren und gesunden basische Ernährung trotz stressigen Berufsalltag. 150 abwechslungsreiche, leckere und vor allem basenreiche Rezepte, sowie einem Detox-Basenfasten „Dein 7-Tage-Plan mit weiteren 21 Rezepten" geben Dir den Energiekick, den Du für einen anspruchsvollen Tag benötigst.

Dieses Buch ist nicht nur für Berufstätige, sondern auch für diejenigen mit einem stressigen Alltag geeignet.

Das Basenfasten ist eine ideale Methode, um erfolgreich und vor allem nachhaltig ein zu hohes Gewicht zu senken oder einfach nur sein Idealgewicht erreichen zu können.

Starte noch heute Deine natürliche, basische Ernährung für mehr Leistungsfähigkeit, Wohlbefinden und Vitalität!

Bei **bekannten Online-Buchhändlern** als Taschenbuch und E-Book erhältlich:

Suchbegriff:

Basische Ernährung für Berufstätige
mit 150 schnellen, leckeren Rezepten und einer 7-Tage Detoxwoche

Literaturverzeichnis

Knöppel A et al., (2017): Sugar intake from sweet food and beverages, common mental disorder and depression: prospective findings from the Whitehall II study, Juni 2017, Nature, Scientific Reports 7, Article number: 6287. (Zuckerkonsum aus gesüssten Speisen und Getränken, psychische Störung und Depression: prospektive Ergebnisse aus der Whitehall II Studie) https://www.ncbi.nlm.nih.gov/pubmed/28751637

Yang Q.; et al. (2014): Added sugar intake and cardiovaskular diseases mortality among US adults. Stand: April 2014: https://www.ncbi.nlm.nih.gov/pubmed/24493081

Peeters, K., et al. (2017, 13. Oktober). *Fructose-1,6-bisphosphate couples glycolytic flux to activation of Ras*. Nature Communications. https://www.nature.com/articles/s41467-017-01019-z?error=cookies_not_supported&code=030f2e45-2d70-4123-861f-bd5019187518

DiNicolantonio J., et al. (2016): The Evidence for Saturated Fat and for Sugar Related to Coronary Heart Disease. Stand: April 2016: https://www.ncbi.nlm.nih.gov/pmc/articles/PMC4856550/

Impressum & weitere Informationen

Autor: Copyright © 2021 Sebastian Pussack

Eine Veröffentlichung der EK-2 Publishing GmbH

Friedensstraße 12

47228 Duisburg

Registergericht: Duisburg

Handelsregisternummer: HRB 30321

Geschäftsführerin: Monika Münstermann

E-Mail: info@ek2-publishing.com

Website: www.ek2-publishing.de

Haftungssauschluss & Urheberrecht

FSC
www.fsc.org
MIX
Papier | Fördert
gute Waldnutzung
FSC® C083411

Zeitfracht Medien GmbH
Ferdinand-Jühlke-Straße 7
99095 Erfurt, Deutschland
produktsicherheit@kolibri360.de